I0039633

Jean-Michel Vernochet

Post Covid-2.0

Déconfinement à rebours & muselière pour tous

Après la psychose pandémique...

La guerre des races prend le relai de la lutte des classes

Jean-Michel Vernochet

Géopolitologue, journaliste et essayiste, Jean-Michel Vernochet est titulaire :

- d'une Maîtrise spécialisée d'Ethnographie - Sorbonne.
- Diplôme d'étude approfondie en Droit International du Développement - Université Paris IV Renée Descartes
- Diplômé d'Etude approfondie en Philosophie - Université Paris I Sorbonne
- Diplômé d'Etude approfondie en ethnologie - Université Paris VII Sorbonne

Publié par Le Retour aux Sources
www.leretourauxsources.com

Attention !

Thèses complotistes

Remerciements à **ProjetKo** pour ses illustrations

Retrouvez son travail sur www.projetko.fr

Le jour d'après...

3 mai 2020

Le *déconfinement* hexagonal est comme toute ligne d'horizon, il recule sans cesse. L'état d'urgence sanitaire vient d'être prorogé jusqu'au 23 juillet. Et après ? Bientôt les Français, à l'exception des banlieues chaudes dont les lieux de culte seront réouverts le 11 mai au contraire des églises, seront les seuls à demeurer séquestrés à domicile… Dans le cas explicite où ils ne feraient pas montre de suffisamment de *discipline*, c'est-à-dire de docilité. Un comble pour une nation où une majorité se voulait « Charlie » ! Le Premier ministre s'est fait clairement menaçant à ce sujet. Ces *gens* se sont octroyé les pleins pouvoirs en invoquant une menace qu'à l'arrivée il faut bien qualifier de relativement imaginaire… Mais il serait inconvenant de se laisser aller à penser qu'il pût s'être agi de grandes manœuvres de contrôle mental de masse à échelle planétaire. Et pourtant la dictature sanitaire a pour foyer rayonnant Genève, siège de l'Organisation mondiale de la Santé, et non Wuhan source supposée de la pandémie coronavirale. De ce point de vue, le temps semble venu d'établir le bilan, ne fût-il que partiel, d'une crise dont nous pouvons en tirer déjà quelques enseignements quant à la dérive subrepticement totalitaire de certaines démocraties occidentales.

À ce titre, nous apprenons incidemment que les Hollandais à l'instar des Allemands, des Suisses, des Autrichiens, des Danois n'ont jamais été véritablement soumis à des mesures strictement restrictives[1]. Tandis que nous autres, pauvres de nous, le fûmes, et durement encore ! Une crise sanitaire particulièrement bien venue pour souffler la flamme d'une année de fronde des Gilets jaunes et faire oublier les mois qui suivirent de paralysie sociale et économique orchestrée par des syndicats compradors. Des organisations fantômes subventionnées par les deniers publics pour mieux détourner et dévoyer la légitime colère populaire dans le but de lui faire endosser des revendications relatives au maintien de privilèges corporatistes exorbitants… tels la

[1] Au contraire des Pays-Bas, le royaume de Belgique adopte le 17 mars un confinement autoritaire à la française : interdiction de circuler sauf en cas d'urgente nécessité ; interdiction de se réunir à plus de deux personnes ; interdiction de rejoindre sa résidence secondaire ; fermeture de tous les établissements d'enseignement ; fermeture de toutes les entreprises non indispensables ; lourdes pénalités pour les contrevenants… Après quarante jours de confinement belge et de non-confinement néerlandais, les chiffres publiés par l'OMS [*Covid-19 situation report 100*] permettent de comparer l'efficacité sanitaire des mesures adoptées en se basant sur l'évolution de la prévalence (nombre de contaminés par million d'individus) et de la mortalité par million d'habitants. Après 43 jours de confinement (29 avril 2020), la prévalence de l'infection en Belgique dépasse de 82% celle des Pays-Bas (4084 contre 2243), et le risque de mortalité atteint en Belgique 137% (633 † contre 267). Conclusion : *le confinement autoritaire apparaît ici clairement comme un échec particulièrement contreproductif tant pour le contrôle de l'épidémie, que pour la prévention du risque de mortalité transformant ce qui devait n'être qu'une banale épidémie en véritable catastrophe sanitaire, sociale et économique majeure* [agoravox.fr 30 avr 20].

retraite à 55 ans et à 3000€ en moyenne pour les agents de la SNCF[2].

Un ébouriffant échafaudage de trucages statistiques

Cette odieuse politique de privation collective de liberté repose en effet sur un échafaudage de trucages assez ébouriffant… qu'on en juge ! *Le Monde* rapportait discrètement le 2 mai l'analyse de Jean-Marc Robine, directeur de recherche à l'Institut national de la santé et de la recherche médicale, selon laquelle – contrairement à ce qu'en dit Jérôme Salomon, Directeur général de la Santé et porte-parole officiel de son département ministériel durant la crise sanitaire – que la majorité des décès proviennent des "établissements d'hébergement des personnes âgées dépendantes" : « *En France, le 29 avril, le bilan cumulé de l'épidémie s'élevait à 15 053 décès à l'hôpital et 9034 dans les EHPAD, soit 24 087 personnes. Cette présentation revient à négliger le nombre important de résidents malades des EHPAD qui sont envoyés pour être soignés dans un service hospitalier et y finissent leur vie. On en dénombrait 3121, toujours au 29 avril. Ce qui signifie qu'en réalité, 12 155 résidents d'EHPAD sont morts de cette épidémie, c'est-à-dire plus de la moitié de la totalité*

---

2 En 2018, l'âge moyen de départ à la retraite à la SNCF était de 58 ans et 2 mois pour le personnel sédentaire et de 53 ans et 7 mois pour le personnel roulant, ceci avec une pension médiane de 2636 euros mensuels. En 2017, la Cour des comptes établissait cet âge moyen à 57,7 ans pour EDF (3692€/mois), 56,9 ans à la SNCF et 55,7 ans à la RATP (3705€/mois dès 54 ans), contre 59,2 ans dans la fonction publique hospitalière.

des décès ! Et ce phénomène s'observe depuis le 17 avril [date à laquelle les autorités ont commencé à comptabiliser ces morts hors hôpital]. *Les résidents des EHPAD sont en fait les plus touchés* ».

Conclusion, l'*On* a confiné à tour de bras une nation entière, sans aucune distinction de contagiosité individuelle, ni par région, classes d'âge ou de métiers, paralysé et endommagé l'économie, terrorisé la population alors que le virus s'attaquait (ce que font tous les virus depuis des lustres) majoritairement (outre ceux qui présentaient des caractères de vulnérabilité, en raison notamment d'une ou plusieurs comorbidités) à de très vieilles personnes dépendantes placées en EHPAD !

Dans le même ordre d'idée, le Dr. Dan Erickson établit que le taux de mortalité du virus est en Californie inférieur à 0.1% et que quantité de médecins se sont vus contraints – contre toute évidence – de porter des diagnostics de Covid19… S'y ajoute que les unités de soins intensifs dans de nombreux états américains seront restées largement sous-occupées tout au long de la crise. Sur la base des taux de tests positifs, le Dr Erickson a ainsi calculé qu'en Californie, le taux de létalité du Covid-19 serait actuellement de 0,03% ; 0,05% en Espagne ; 0,09% en Suède et 0,1% dans l'état de New York, sachant que le taux de létalité de la grippe aux États-Unis est d'environ 0,13% ! Dans ces conditions la probabilité de survivre au coronavirus (avec ou sans symptômes apparents) serait supérieure à 95% [25avr/swprs.org/a-swiss-doctor-on-covid-19/#latest] !

La crise a aussi actualisé des tendances à la sécession déjà latentes en Amérique et singulièrement aujourd'hui dans une Californie (représentant en 2018, 14,5 % du Produit intérieur brut des États-Unis, ce qui la situe au cinquième rang de la puissance économique mondiale) peu encline à se soumettre inconditionnellement aux oukases de l'État profond global et de son bras-armé sanitaire, l'OMS. En raccourci, les Californiens n'hésitent plus à parler ouvertement de s'affranchir une fois pour toutes de la tutelle de Washington... Le "Los Angeles Times", deuxième support de presse des États-Unis (après le New York Times) ne craint pas de titrer qu'une « *chose est à présent parfaitement claire... Le temps est venu de démembrer l'Union* » ![3]

État-Nations ou *melting pot* européiste

Nous devrions en prendre de la graine – ayant tiré les enseignements ad hoc de la vive expression des solidarités européennes durant la crise – et nous débarrasser de Bruxelles, revenir au Franc assorti d'une monnaie commune, jeter aux orties les mortelles billevesées européistes qui ont conduit les eurocrates, au plus fort de la crise, le 28 avril, à finaliser un accord de total libre-échange

---

[3] « *The coronavirus pandemic has made one thing perfectly clear : It's time to split the country* » : « Nous [Américains] sommes désespérément impuissants et irrévocablement divisés. Il est temps de cesser de parler de se rassembler, mais plutôt de recourir à une action rationnelle. Il y a environ trente ans, l'Union soviétique s'est attaquée à ses divergences régionales irréconciliables et s'est disloquée en se divisant en quinze républiques indépendantes. Pourquoi ne pouvons-nous pas le faire ici ? ». Une éventualité que, dans les circonstances actuelles, il est impossible d'ignorer. Rappelons que le Texas montre des velléités permanentes de sécession et qu'en 2012 des pétitions circulaient dans quelque vingt états américains, exigeant de recouvrer une totale indépendance vis-à-vis du pouvoir fédéral [bbc.co.uk 13 nov 12].

avec le Mexique... Au terme duquel 20 000 tonnes de viande bovine (jusqu'à aujourd'hui interdites d'importation en raison de leur non-conformité aux normes sanitaires de l'UE) pourront être importées chaque année, au grand dam évidemment des agricultures locales. Cela à un moment où, paraît-il, nous aurions grand besoin de moins de dépendance économique hors frontières. Dans de circonstances où il s'agirait de relocaliser d'urgence nos productions, de nous abstenir de détruire nos secteurs vitaux dont la disparition vient de se faire cruellement sentir, ceci afin d'assurer notre sécurité sanitaire et alimentaire et finalement, revenir à une saine autosubsistance... Au demeurant, la Commission de Bruxelles nous assène, sous les applaudissements de la République en Marche et des Républicains unis comme toujours dans l'aberration, que « *l'autonomie stratégique ne signifie pas que nous devions faire de l'autosuffisance notre objectif* ». Ah bon ! Et pourquoi non ? En 1968, les porcs bretons crevèrent de faim parce que nos bons amis d'Outre-Atlantique avaient mis un embargo sur les tourteaux de soja. De toute évidence, nous autres Européens, n'avons jamais rien compris, ni appris.

À propos de cette Union autolytique (suicidaire), l'économiste Charles Gave déplore opportunément : « *Pourquoi avons-nous abandonné nos souverainetés sur notre Droit, nos frontières, notre monnaie, notre budget ? Et au nom de quoi exactement* [nos gouvernements] *prélèvent-ils des impôts sur nous ?* [Au cours de la crise] *les seuls à avoir agi ont été les états représentant des nations, cela en fermant les frontières avec leurs voisins, en interdisant les exportations de produits médicaux afin de les garder pour eux... ce qui est d'ailleurs interdit par les traités, mais bénéficiait du soutien total des populations concernées... L'idéologie européenne vient de connaître sa Bérézina. Bruxelles a perdu toute légitimité et l'effondrement de la légitimité précède toujours les disparitions politiques*[4] » [institutdeslibertes.org 30 mars 20]. Le ciel l'entende, mais n'est-ce pas lutter contre des forces marémotrices ?

Qui est responsable voire coupable de ce gâchis ?

Les uns accusent la Chine, sans pour autant la soupçonner d'avoir déclenché ce séisme pour mieux vendre ses masques, ses substances médicamenteuses de base, ses génériques, avec en objectif de lui présenter la facture... salée ! Dans cette optique, l'état du Missouri porte plainte contre la Chine pour avoir caché ou tardé à révéler la gravité de l'épidémie. La *Chine pop* s'étant rendue coupable de mensonge (par minoration si ce n'est par omission) doit être sanctionné [boursorama.com 27 avr 20]. *A contrario*, Pékin se démène comme un beau diable et accuse les États-Unis d'avoir apporté la pandémie dans leurs sacs de sport à l'occasion des Jeux militaires mondiaux, lesquels se sont déroulés à Wuhan fin octobre 2019, juste avant le déclenchement de la crise sanitaire mondiale. Bref, l'on se renvoie la balle, la rumeur court, sur fond de recherches interdites et de guerre biologique secrète, de fuite virale inopinée, de trahison et *tutti quanti*.

---

[4] Ajoutant : « Ils vont demander à ce que soient émis des *corona bonds* garantis par tous les états européens à la fois, ce qui serait un premier pas vers un ministère des Finances européen puisque la dette n'est que de l'impôt différé. Émettre de la *dette européenne*, revient à garantir qu'à terme nous aurons inéluctablement – pour gérer cette créance collective – un ministère des Finances européen, c'est-à-dire des impôts européens. Un projet fortement poussé par M. Macron ».

La Commission européenne, cédant aux pressions de Pékin, a retardé la publication puis remanié un rapport qui épinglait les efforts de la Chine en vue d'échapper à ses responsabilités dans la diffusion du coronavirus. La bureaucratie communiste aurait en effet brandi la menace d'arrêter les exportations médicales vers l'Europe [SouthChinaMorningPost 25 avr 20] si le rapport n'était pas amendé, tandis que diplomates du Nouvel empire du Milieu menaient une très active campagne de communication du type "Wolf Warrior" (*Le Guerrier loup*), reprenant le titre d'une série populaire nationale-patriotique[5] afin d'imposer son *narratif* quant aux tenants et aboutissants de la crise. Il est à noter que le 15 avril, le Bild-Zeitung, avançait que Pékin devrait indemniser l'Allemagne à hauteur de 150 milliards d'euros *à la louche* pour les dommages économiques causés par la pandémie (dont 50 mds pour les petites et moyennes entreprises et 24 mds de manque à gagner pour le tourisme…) !

L'article, sous la plume de Julian Reichelt, rédacteur en chef du Bild, se présente sous la forme d'une lettre ouverte au président Xi et se concluait par ces mots : « *Vous régnez par le contrôle. Vous ne seriez pas président sans ce contrôle. Vous surveillez tout et chaque citoyen, mais vous refusez de contrôler les marchés d'animaux vivants et malades de votre pays... Vous mettez en danger le monde entier* » *!* Pour notre part que pourrions-nous dire de nos dirigeants, qui nantis de *la force injuste de la loi* et d'un appareil policier extensif, confine le pays, déclare la « guerre » à un virus – comme en 2016 la guerre au

[5] À rapprocher du film turc à grand succès violemment anti américano-sioniste « La Vallée des loups » (*Kurtlar Vadisi Irak*) sorti en 2006 et tiré de la série télévisée éponyme.

terrorisme – et, se *poussant du col*, veulent apparaître comme des sauveurs alors qu'ils ne sont que les organisateurs du chaos… un profond désordre social et économique parfaitement évitable si ce n'avaient été les désastreuses carences intellectuelles d'un exécutif composé en majeure partie d'imposteurs et de truqueurs.

Apocalypse/Révélation

Car la France est un pays occupé de A à Z, au cas où vous ne vous en seriez pas aperçus ! Un pays occupé par la canaille d'en haut et la racaille d'en bas. La première chérissant la seconde on se souvient de M. Macron en octobre 2018 à Saint-Martin, regardant une aimable et moite caillera avec les yeux de Chimène… Alors quoi de surprenant à ce que le Pays réel gronde et que tout parte à vau l'eau ? La majorité des *veautants* a bien les élites qu'elle mérite… et qui lui ressemblent.

Le président de la République plurielle dans son élément et dans tous ses états

Ainsi donc des émeutes – pas *de la faim*, rassurons-nous – ont éclaté à Villeneuve-la-Garenne, Gennevilliers, Rueil-Malmaison, Meudon, Villepinte, Aulnay-sous-Bois, Neuilly-sur-Marne, Fontenay-sous-Bois, Pantin, Champigny-sur-Marne, Bonneuil-sur-Marne, Villejuif, Ivry, Corbeil-Essonnes, Noisiel, Les Mureaux, Montigny, Trappe et Sartrouville… « *mettant en cause* de *jeunes habitants* des cités et des forces de l'ordre » ! On appréciera le « mettant en cause » ainsi que les forces de l'ordre renvoyées dos-à-dos avec les *jeunes* émeutiers. Marseille se tient mieux, non seulement en raison des bons soins prodigués aux malades par le Pr. Raoult. Notons à ce sujet que la cité phocéenne manque à l'appel des statistiques de morbidité de l'INSEE – et pour cause – de même qu'elle est absente de la rubrique des faits divers pour troubles dans les "quartiers" dits populaires. Des secteurs en l'occurrence tenus par d'avisés commerçants que la chienlit *insupporte*. Nous parlons évidemment des grossistes du narcotrafic transméditerranéen… Un élu régional des Bouches du Rhône, Philippe Vardon, remarquait très justement que « cette crise n'efface pas le *reste*, mais qu'au contraire, elle le met en lumière ».

Il est loisible d'imaginer ce que peut être ce « *reste* », la part non-dite, les sujets qui fâchent, les totems et les tabous, les vaches sacrées, les *égaux plus égaux* que tout autres au sein de nos sociétés qui sont « *à ce point fragmentées qu'à la moindre crise tout explose. Dans une société unie, homogène la solidarité prime. En revanche, dans une société fracturée par l'individualisme et par le multiculturalisme, tout se traduit en tension et en affrontement* » [bv 20 avr 19]. Oui, cela est bien vu et bien dit. Il y aurait d'ailleurs beaucoup à dire sur le rapport de cause à effet existant entre homogénéité ethnique et civisme ou discipline sociale ; Et puis l'occasion était trop belle pour ne pas s'en donner à cœur joie : pendant que les pandores verbalisent le quidam qui promène son chien au-delà du périmètre autorisé, les *djêuns* défient une autorité qu'ils méprisent parce qu'ils ne la reconnaissent ni ne la craignent… Et puis n'est-ce pas M. Macron qui – leur passant une fois de plus la main dans le dos – leur expliquait à Alger, en février 2017, que les *Babtous*, les *Céfrans*, les Fromages ne sont qu'un ramassis de racistes et de criminels contre l'humanité[6] ?

Pourquoi alors se montrer surpris si en l'espace de quelques jours deux attentats terroristes intervenaient dans un Hexagone aux frontières ouvertes à tous les vents mauvais du cosmopolitisme et à la nouvelle Internationale bigarrée de tous les lumpenprolétariats ? Une attaque meurtrière au couteau à Romans-sur-Isère, deux morts le 4 avril et une autre le 25 à la voiture assassine… Avec une *BMW* véhicule emblématique de ces nouveaux damnés de la Terre… De ceux qui prêtent allégeance à l'État islamique et clament leur volonté « *de se lancer à corps perdu dans la bataille pour imposer la charia sur l'ensemble de la Terre* ». Pendant ce temps, le ministre Garde des Sceaux, Mme Belloubet, se flattait de n'avoir élargi que vingt-cinq radicalisés parmi les trois mille détenus libérés par anticipation…Bravo !

---

[6] À propos de la colonisation, Alger le 15 février 2017, echoroukonline.com : « *C'est un crime. C'est un crime contre l'humanité. C'est une vraie barbarie, et ça fait partie de ce passé que nous devons regarder en face en présentant aussi nos excuses à l'égard de celles et ceux vers lesquels nous avons commis ces gestes* » [Sic]. On remarquera la qualité de l'expression linguistique chez ce surdoué de la fusion-acquisition

D'autres, tout aussi déterminés veulent, à l'instar du milliardaire Bill Gates, fondateur du géant de l'informatique Microsoft (un philanthrope de la même veine que George Soros, l'américano-magyar ou que le banquier germano-newyorkais Jacob Schiff, financier de Léon Trotski-Bronstein), qui le 8 avril dernier, dans un entretien accordé au *Financial Times* au sujet de la vaccination contre le Covid-19, avertissait solennellement que « *globalement, la vie ne reprendra son cours normal* [après la vague pandémique] *que lorsque la population mondiale aurait été entièrement vaccinée* » ! Le terrorisme wahhabite d'un côté, la termitière mondialiste de l'autre. De quel côté penchera la balance entre les islamistes fanatiques sortis des terres arides du Nejd et les oligarchies transhumanistes de la Silicon Valley ? Deux Systèmes en concurrence – ou en convergence – ayant déclaré une guerre sans merci à l'Humanité, afin de la *normaliser* de force, de la fondre et de la couler dans la matrice de leurs *machines délirantes*.

3 mai 2020

La France placée en liberté surveillée... sine die

10/11 mai 2020

Nous avons souligné à l'envie l'incompétence paroxystique, l'incurie pathologique, l'obscène *j'm'enfichisme* d'une classe politique mononeuronale qui, après avoir minoré le risque – Mme Ndiaye ridiculisant le port du masque (au demeurant réellement peu utile hormis pour les personnels de santé) – a vu le couple Macron se rendre ostensiblement au théâtre[7] – a maintenu contre tout bon sens les élections municipales le 15 mars, ceci pour mieux confiner le pays le surlendemain, le 17 ! Reste que l'explication par l'incompétence et l'impéritie est un peu courte, n'explique pas tout, et force nous est de ne pas sourire – ou les négliger – face à ceux qui voient et dénoncent des complots là où il y a fortes chances d'en trouver... Car oui, il est indéniable que des oligarchies, qu'un État profond internationaliste et

[7] Le 6 mars au soir, Brigitte et Emmanuel Macron donnait le bon exemple en se rendant au théâtre Antoine à Paris pour y assister à la représentation d'une la pièce ayant pour titre « Par le bout du nez » (!)... à la fois pour rassurer les Français et pour les convaincre de sortir (ne pas se confiner ?) malgré la menace coronavirale montante.

tentaculaire, influent sur la vie des nations. Et qu'ils orientent le cours des choses afin d'instaurer, dès que possible, un Nouvel ordre planétaire façon *Chine pop*, cette parfaite chimère transgénique entre marxisme-léninisme et ultra-libéralisme. En fait les deux faces d'une même pièce !

De grands monstres manipulateurs

Or contrairement à ce que pense le *pékin* de base – celui qui a traversé vaille que vaille l'aride confinement, sa gourde de gel hydroalcoolique à la main en se *voilant* pudiquement la face tout en respectant à la lettre les *gestes barrière* – les "conjurations" existent bel et bien, mais elles ne sont pas, et de loin, le fait des seuls *complotistes*. Parce que le complot contre l'humanité et la civilisation lui, ne se cache pas, il est à *ciel ouvert*, et nombreux sont ceux qui le promeuvent sans gêne et sans fard. Ils l'annoncent – et s'en vantent – s'employant à coup de milliards de dollars *philanthropiques* à l'organiser... Soros, Gates, Attali, l'homme qui murmure à l'oreille des successifs présidents hexagonaux, tous gourous et prophètes de la Gouvernance mondialisée qui se sont jetés sur l'alerte pandémique pour (tenter de) l'exploiter à fond au profit de leurs obsessions, de leur soif de puissance et de leur mystique messianique. C'est toujours au nom de la paix, du bonheur, de l'égalité – et maintenant de la santé – que les grands monstres manipulent les peuples, les classes, les races pour mieux, à l'arrivée, leur imposer une cruelle dictature... Robespierre, Marat, Basil Zaharoff et son séide Israël Gelfand, Lénine, Mao, Pol Pot, Hô Chi Minh, et combien d'autres !

Toutefois, ce sont ceux qui dénoncent la conspiration contre les peuples qui sont livrés à l'opprobre publique et désignés comme des réjections de la "*Bête immonde*". Or pour qui veut conduire l'humanité à marche forcée vers ce bienheureux Nouveau monde – situé quelque part entre

Metropolis de Fritz Lang (1927) et le *Brave New World* d'Aldous Huxley (1932) – où règne une liberté absolue, démiurgique… Hélas uniquement pour les *élites*, les *beautiful people* sans dieu ni maître, sans foi ni loi autre que celle de leur bon plaisir… mais surtout pas pour les foules anonymes rendues affreusement solitaires par leur consentement apeuré à l'incarcération sanitaire. Une Épée de Damoclès toujours suspendue au-dessus des têtes et porte désormais le joli nom de « deuxième vague »… Tout cela parce que le gros de la masse est indifférente ou aveugle et ontologiquement ignorante des champs de forces qui traversent et structurent nos sociétés. Macron le sait, et il en joue avec insolence !

La peur doit changer de camp

Mais puisque la peur parvient à confiner, ne devrions-nous pas songer à faire en sorte que la peur changeât de camp ? En effet, puisqu'ils utilisent la peur avec une science consommée pour nous embastiller à domicile, ne serait-il pas tout autant légitime de l'utiliser pour les contrer ? Surtout que notre "peur", celle que distillent les "complotistes" lanceurs d'alertes *affolantes*, possède une valence autrement inquiétante (voire un potentiel violemment mobilisateur) que leurs terreurs à la petite semaine qui est en train de faire long feu (la mèche s'éteint devant la nue réalité des faits : l'épidémie est un leurre manipulatoire)… Enfin, nous devons mortellement craindre le grand complot visant à robotiser l'humanité, à nous pucer, à nous vacciner comme des bovidés (que nous sommes en train de devenir), à nous tracer[8], *a priori*

[8] Actualité : « La Caisse nationale [d'assurance maladie] dispose d'une

volontairement puis à nous y contraindre judiciairement ensuite : 135€ de pénalité pour celui qui ne sera pas masqué dans les lieux publics ! Ce qui n'a rien d'un phantasme, ce sera cela l'après 11 mai… Le port du masque obligatoire, l'uniformisation/anonymisation pour tous ! Gates est grand et Attali est son prophète !

L'épisode pandémique et la crise financière sont évidemment liés. L'un masquant l'autre, et permettant au "Système" de franchir une étape cruciale dans la réorganisation de nos sociétés post-modernes. Un premier essai avait déjà eu lieu le 11 Septembre 2001… quand il s'est agi de lancer une guerre sans limite temporelle ni géographique contre le djinn al-qaïdiste. En fait une déclaration de guerre à l'humanité toute entière, déguisée en guerre contre le terrorisme. À partir de là d'autres événements traumatisants – plus ou moins prémédités – intervinrent à intervalle régulier pour réinstiller à chaque fois une dose vaccinale de peur salutaire… *Sandy Hook* (déc. 2012), le marathon de Boston (avr. 2013), Charlie (janv. 2015), Bataclan (nov. 2016)… La liste est impressionnante et que l'on ne vienne pas nous dire que tout cela n'est que pure coïncidence, le fruit d'un hasardeux hasard !

Aujourd'hui, avec le recul, il appert sans équivoque, qu'à son tour le coronavirus constituerait un prétexte idéal pour instaurer l'amorce d'une dictature sanitaire à échelle globale ! En premier lieu, les pays développés ont fait la

---

dizaine de jours pour affiner un dispositif français de « *contact tracing* » [sic] d'une ampleur inédite » [ouest-France.fr 29 avr 20]. Nous devons également faire face à une pandémie galopante de sabir (globish)… Au secours !

preuve d'une impressionnante capacité d'obéissance, et de leur aptitude à épouser une forme inédite de *servitude volontaire*. Quant au reste du monde, même si l'Afrique ne se prive pas de dénoncer l'*arnaque*[9], tous, le moment venu, devront suivre et s'aligner sur les directives des Nations Unies, tant la puissance coercitive des Organisations multilatérales est dissuasive : les aides au développement ne seront attribuées qu'à la condition expresse d'accepter des campagnes extensives de vaccinations ! Sous cet angle, l'OMS est un emblématique représentant de la dictature sanitaire mondiale qui se met en place sous nos yeux… A contrario, fasse que cette crise dessille nos contemporains et donne pleinement gain de cause aux *bilatéralistes* fieffés tels l'Américain Trump ou le Brésilien Bolsonaro.

Conspirationnisme tous azimuts

L'archétype du conspirationnisme n'est-il pas au fond Vladimir Kvachkov, ancien officier supérieur du GRU [information vérifiée à la source], l'équivalent de la Direction du renseignement militaire de chez nous, déclarant sans ambages que : « *cette pandémie est un mensonge… Le coronavirus a été lancé par les puissances crypto-financières mondiales dans le but de limiter les droits politiques et de terroriser les masses* [certes depuis la Kholyma l'art de la Terreur a fait quelques progrès !]… *Le coronavirus a une origine artificielle ; c'est prouvé*

[9] https://www.youtube.com/watch?feature=youtu.be&v=w5eFFV_VzxY&app=desktop John Magufuti, président Tanzanien nous apprend que chez lui papayes et chèvres sont testées positives au Covid… De la validité des tests ! Sans commentaire…

scientifiquement. Nous nous trouvons exposés à un bombardement d'information et de propagande psycho-politique ; ce sont les médias de masse mondialistes qui créent cette panique psychique. "Ils" *observent et recherchent qui obéit et qui n'obéit pas. Et puis ça a vraiment démarré en Europe. L'Europe et la Chine sont les deux adversaires géo-économiques des États-Unis* ». Conclusion qui coule de source : « *Tant que nous ne nous débarrasserons pas de nos propres parasites, ceux qui règnent sur nous, nous ne pourrons pas lutter contre les autres parasites* » ! Encore un autre foldingue ? Doit-on pour autant ignorer ce genre d'analyses et les ranger au côté de celles du Nobel de médecine Luc Montagnier, à savoir dans le tiroir des élucubrations proférées par des *naufragés* de l'intellect… Ou d'officieux lanceurs d'alerte du troisième type ?

Au nombre des complotistes – qui sont par ailleurs des *révisionnistes*[10]… autant dire des antisémites, soit des *ennemis du genre humain* par définition non rédimables – le fils de l'ancien sénateur Robert F. Kennedy († assassiné

---

[10] Pour Rudy Reichstadt, père fondateur de *Conspiracy watch* (en français dans le texte : l'Observatoire du conspirationnisme), les théories [dites] du complot, doivent être considérées comme un "*risque systémique*". Démultipliées par le Covid-19, elles possèdent des objectifs "*politiques et géopolitiques*"… « *26% des Français pensent que le virus a été fabriqué en laboratoire* »… « *Une rhétorique et une méthode qui sont celles du négationnisme. Car le négationnisme est en soi une théorie du complot… L'antisémitisme se retrouve en effet souvent mêlé au complotisme* ». Ah bon ! « *Agnès Buzyn, et son conjoint, Yves Levy, ou encore le directeur général de la Santé, Jérôme Salomon* » comme la plupart des intervenants sur les plateaux de l'audiovisuel public et privé qui se retrouvent en première ligne dans la guerre de propagande que livrent les *élites* (majoritairement nées sur les barricades de Mai 68) au *bon peuple* qui n'en peut mais !

le 5 juin 1968) et neveu de l'ancien président John F. Kennedy († assassiné le 23 nov. 1963), Robert Francis Kennedy, opposant déclaré à la vaccination, accuse publiquement le magnat de l'informatique (fondateur de Microsoft), Bill Gates, de manœuvrer dans le but de parvenir à dominer mondialement le marché des vaccins, y compris bien évidemment celui censé juguler le SRAS-CoV-20… « *L'obsession de Gates pour les vaccins semble être alimentée par une conviction messianique selon laquelle il a la mission divine de sauver le monde en manipulant la vie de petits humains* ». Pour ce faire il recourt à « *une philanthropie stratégique* [un formidable biais d'évasion fiscale : aux Amériques la *philanthropie* n'est effectivement pas tout à fait désintéressée]. *Une ambition qui se combine avec le projet de Microsoft d'instaurer à échelle planétaire un suivi et d'identification des vaccins grâce à des implants* [nanopuces]… *ce qui lui donnerait un "contrôle dictatorial" sur la politique sanitaire mondiale* » [elciudadano.com 29 avr 20]. Nul n'est obligé de croire sur parole ce rejeton du clan Kennedy, gageons néanmoins qu'il côtoie des milieux initiés… et que dans ces conditions il a connaissance des arcanes du grand capitalisme post-industriel néo-impérial pour lequel le génie génétique, la biologie moléculaire et les algorithmes ont remplacé la médecine d'antan, bien avant qu'elle ne soit devenue un secteur lucratif de l'économie virtuelle.

Triomphe de l'algorithme prédictif

À ce propos arrêtons-nous instant sur l'homme par qui le pervers scandale pandémique a été rendu possible : Neil

Ferguson[11] mathématicien expert en modélisation des épidémies à l'*Imperial College* de Londres… un nom surplombant *qui en jette* et impressionne à sa seule évocation ! Après de savants calculs (abstraits par définition) – *in fine* ne serait-il pas une sorte de Dr. Folamour ? – Ferguson est arrivé à la conclusion que la politique choisie initialement par le Premier ministre Boris Johnson – et qui fut conduite sans défaillir par la Suède – d'auto vaccination des populations (laisser le virus librement circuler afin de parvenir au plus vite à une *immunisation de masse*), devait se traduite par 510 000 et 2,2 millions de morts respectivement au Royaume-Uni et aux États-Unis avec un pic de mortalité fin mai début juin [lemonde.fr 17 mars 20].

Face à une telle hécatombe, l'option du confinement général s'est donc naturellement imposée… Sauf que l'hypothèse de Ferguson s'est avérée totalement erronée ! Une fois de plus faudrait-il ajouter ! Rappelons que c'est le même ahuri qui fit abattre en 2001 six millions de têtes de bétail au motif d'enrayer une épidémie de fièvre aphteuse. Une épizootie virale non transmissible à l'homme, généralement non mortelle voire bénigne, qui affecte les bovins, les porcs, les chèvres, les moutons, etc. À la fin de l'épidémie l'on ne recensa au total que 2 026 cas dans l'ensemble des campagnes britanniques. Imaginons la

---

[11] Directeur de l'*Abdul Latif Jameel Institut* des maladies et analyse d'urgence, chef du Département d'épidémiologie des maladies infectieuses à l'École de santé publique et vice-doyen pour le développement universitaire à la Faculté de médecine, l'ensemble de ces fonctions s'exerçant au sein du *Collège impérial* de Londres. Considéré comme un « as » de la modélisation de la propagation des virus, il incarne à lui seul l'*Imperial* College, lequel bénéficie outrageusement d'une "aura d'infaillibilité".

méthode Ferguson appliquée au genre humain : un marteau pilon pour écraser une mouche et un méga carnage pour éradiquer une anodine virose animale[12].

Pourtant, à Londres comme à Paris, c'est la *modélisation* et les algorithmes de Ferguson qui prévalurent. Ceux-ci prévoyant que la vague épidémique devrait s'étendre sur une durée de douze à trente-deux semaines, il fut question d'imposer un confinement draconien afin d'éviter la saturation – à ce moment de la crise les spécialistes se basent encore sur une connaissance très incomplète pour ne pas dire sommaire des mécanismes de la maladie – des services de réanimation en ralentissant la circulation de l'agent pathogène. En fonction de ces données présentées comme indiscutables – l'oracle Ferguson ayant parlé – à Paris le conseil scientifique recommandait le 24 mars un confinement hexagonal devant durer au moins six semaines. Sachant qu'en arrière-plan, selon les préconisations du susdit, le confinement devrait se prolonger le temps voulu – intermittent ou continu mais suivant des modalités strictes – pour qu'un vaccin arrive sur

---

[12] En France nous ne sommes pas non plus étrangers aux méthodes radicales anglo-saxonnes, (certes il ne s'agit plus de raser Berlin), qu'il s'agisse d'éradication d'espèces animales réputées contagieuses ou de confinement général... Ainsi, depuis 2012, 482 bouquetins ont été abattus dans le massif du Bargy afin de lutter contre le risque de diffusion de la fièvre de Malte (transmissible à l'homme) aux troupeaux d'ovins et de bovins, ces derniers étant à la base de la production de “reblochon au lait cru”. Actuellement une nouvelle campagne d'abattage se prépare activement... dans le silence complice des écolâtres !
http://terrefuture.blog.free.fr/index.php?post/2013/10/18/Le-scandaleux-massacre-des-bouquetins-du-Bargy

le marché, soit au moins dix-huit mois ! Si ce n'avait été le caractère intenable du confinement – économiquement et socialement – nous étions donc bien partis pour une *mise au frigo* sur le long cours. Et si l'on y regarde d'un peu-près, c'est d'ailleurs ce que nous pouvons lire entre les lignes dans les discours de nos autorités *responsables*.

Ne perdre ni son temps ni ses forces

Nous ne perdrons pas l'essentiel de nos forces à tenter de débrouiller l'archi sac-de-nœuds que forment les causes emmêlées et entremêlées, les intrications d'intérêts croisés, les calculs tordus, les présupposés idéologiques ayant présidé à faire prévaloir ces solutions extrémistes dans une crise en majeure partie *fabriquée* de toute pièce : le 7 mai 2020, le taux de mortalité imputable au SRAS-CoV-2 est au niveau mondial de 34 décès par million d'habitants. Les chiffres parlent d'eux-mêmes. Crise dont les conséquences se feront néanmoins et à coup sûr sentir pendant longtemps… Les mobiles des apprentis sorciers du style de Neil Ferguson et de William Gates sont aussi complexes que troubles, indubitablement entachés d'une sorte de mégalomanie et non exempts d'une réelle dose de perversité s'exerçant à grande échelle. Toujours dans la logique imposée par l'*Imperial College,* « on » brandit maintenant l'éventualité (terrorisante) d'une seconde vague de la pandémie alors que les courbes épidémiques sont partout décroissantes… Que l'*On* se refuse à entendre le Pr. Raoult qui prêche dans le désert et alors que de toute évidence, la véritable *deuxième vague* sera assurément celle des navrantes suites économiques et sociétales qui immanquablement accompagneront l'instauration d'un contrôle sanitaire et social invasif, sans limites temporelles et juridiques distinctement appréhendables.

Le déconfinement se fera, nous le savons, par étapes et par régions (dans un rayon de cent kilomètres... après avoir supprimé les frontières extérieures[13] on réinvente des douanes sanitaires intérieures !) et après le 11 mai (sous la houlette des caisses départementales d'Assurance maladie) des "brigades sanitaires" seront à pied d'œuvre sur le "*terrain pour le dépistage, traçage*[14] *et l''accompagnement de l'isolement des personnes contaminées par le Covid-19.* Un dispositif fort de 30 000 personnels chargés de "*repérer*" les personnes susceptibles d'être malades afin de "*rompre la chaîne de contamination*" [ouest-france.fr 3 mai 20]. Comme ceci est élégamment dit. Bref, ce *covid* est une

---

[13] L'État n'autorise les déplacements que dans un rayon de cent kilomètres mais donne licence aux membres européens de l'Union de circuler librement ! En outre l'application "*stopcovid*" doit permettre d'identifier les personnes ayant été en contact avec un malade testé positif. Son installation sera en principe volontaire et exclurait toute géolocalisation. Cependant un dépistage massif est programmé dans les écoles à raison de 700 000 par semaine. Or l'on sait le peu de fiabilité de ces tests qui détectent les contacts anciens ou récents avec les virus grippaux, qu'ils soient coronaux ou pas. Ce qui pourrait conduire les familles d'enfants porteurs sains à l'obligation administrative de se faire dépister à leur tour, à se voir obligés de se reconfiner, puis, en fin de parcours, à se faire vacciner. Une stratégie diabolique en soi pour contraindre les couches encore réticentes de la population à se soumettre totalement à l'impératif sanitaire et hygiéniste.

[6] Le traçage numérique entrerait en phase d'essai le 11 mai. Mais ne sera *débattu* par les députés que le 25 mai, puis déployé à grande échelle le 2 juin. Sauf une scission (peu probable dans l'immédiat) au sein du groupe parlementaire de la République en Marche, la mesure est d'ores et déjà acquise eu égard au caractère "croupion" de l'actuelle Assemblée parlementaire.

véritable aubaine pour tous les individus, les marionnettes et les prête-noms qui ont reçu pour mandat et pour mission de liquider les Vieilles nations rétives à se laisser fondre dans le creuset d'un Système totalitaire parce que globalisant.

Certains croient que le coronavirus est un châtiment de Dieu… mais non le châtiment divin c'est Macron, la République en marche, c'est-à-dire la social-démocratie, matrice toujours féconde, parturiente d'une humanité déchue, victime d'une lente dissolution planifiée dans l'acide d'un communisme à bas bruit, d'un arasement universel qui ne dit pas son nom, mais nivelle toujours plus bas… sous couvert d'altruisme, de solidarité, d'humanisme, de philanthropie, d'ouverture à l'autre et aux autres, au nom des « droits », ces droits déclarés *fondamentaux* et *sacrés* qui, à l'instar d'une crémaillère – ou de crocs reptiliens tournés vers le gouffre fétide d'une gueule vorace – au noble motif de liberté et de libération, nous entraînent mécaniquement dans la géhenne. Ceci étant un simple constat vérifiable à chaque pas et à tous moments.

11mai 2020

Deuxième vague… L'Épée de Damoclès

18 mai 2020

Les Céfrancs masqués (c'est à dire pudiquement *voilés* pour ne pas aguicher l'entreprenant corona-machin) jettent des regards réprobateurs à ceux qui – à tort ou à raison – se refusent à raser les murs et obéir servilement aux excessives et abusives injonctions gouvernementales… Celles-ci étant un savant cocktail d'incompétences nourri il est vrai, par les tâtonnements et les préventions d'une caste médicale aux savoirs cloisonnés et spécialisés, confite en théorie mais dans les faits assez mauvaise praticienne… En un mot, des *professionnels* de la médecine, longtemps bureaucratisés et par conséquent devenus incapables de porter un diagnostic véritablement circonstancié sur une virose émergente. Le tout se concentrant dans une sorte de *monopole* étroitement connecté aux méga intérêts des secteurs chimique et industriel de la Santé. Bref, un milieu *confiné* qui en outre menace ceux qui voudraient attirer l'attention sur l'existence d'efficaces traitements alternatifs, certains dérivés de celui du Pr. Raoult. Pressions exercées vilainement par le truchement entre autres du père fouettard qu'est le Conseil de l'Ordre des médecins, pour ne pas le nommer[15].

La loi de Lynch réactualisée Raoult

Lequel Pr. Raoult faisant preuve – face aux assauts brutaux d'un systématique dénigrement médiatique – d'un réel équilibre psychique et d'un grand sang-froid, notait (sans pour autant s'en montrer particulièrement surpris) les « *réactions d'une violence inouïe* » qui lui furent opposées[16]. Réactions virulentes alertant quant au discrédit

---

[15] Des médecins généralistes, les Dr. Denis Gastaldi et Olivia Vansteenberghe, l'un pratiquant à Morhange et la seconde à Wormhout, s'appuyant sur les travaux du Pr. Raoult et parce qu'ils se voyaient interdire l'utilisation de l'hydroxycloroquine, ont eu l'idée de contourner l'interdit administratif en recourant à l'azithromycine, un antibiotique ayant à la fois une action antivirale et anti-inflammatoire (sur le parenchyme pulmonaire) en y associant le zinc. Dans les formes sévères, de l'héparine est présente à faible dose afin de prévenir les thromboses, les phlébites et les embolies pulmonaires associées au coronavirus. Malgré des résultats très encourageants, le Conseil de l'ordre a enjoint de façon catégorique à ces praticiens (agissant et raisonnant de façon efficacement empirique), de communiquer de quelque manière que ce soit sur leurs traitements [leparisien.fr 13 avr 20]. Idem à Grenoble où le docteur Sabine Paliard-Franco administre à ses patients présentant les symptômes du Covid 19, des antibiotiques de la famille des macrolides associés ou non à une C3G avec un taux de réussite de cent pour cent sans effets secondaires [blogs.mediapart 14 avr 20]. Assurément bien des vies eussent pu être sauvées ! Le 22 avril dernier le Conseil de l'Ordre des Médecins menaçait sans ambages le Pr Raoult d'une suspension d'activité immédiate parce que ses essais cliniques « *ne respectent pas les procédures officielles* » l'exposant à une sanction d'un an de prison et 15 000 euros d'amende. Hors de l'Église du conformisme, du scientisme et de la soumission, point de salut !

[16] À l'heure actuelle le traitement Raoult, malgré son évidente

voire l'opprobre qui, à travers icelui, seraient jetés sur la science hexagonale. Ces réactions d'irrépressible mépris (ou de haine) mériteraient d'être disséquées dans les grandes largeurs tant elles confirment les conclusions de Gustave Le Bon suivant lesquelles il n'existe pas de psychologie individuelle, mais uniquement collective... La psyché sociale n'étant pour ce grand savant que l'enveloppe matricielle de l'esprit dans sa singularité !

Or, ceux qui ont voulu ramener le brutal rejet de Didier Raoult par le landernau des médicastres, au seul différend personnel qui l'opposerait au binôme vibrionnaire Lévy-Buzyn (Inserm - laboratoire P4 de Wuhan – avenue Duquesne), soit se moquaient du monde, soit se montraient (pour la circonstance) passablement bornés. Mais de telles attitudes, outre les jalousies, les ressentiments, les vanités blessées, ne sont évidemment pas gratuites. Chacun pourra d'ailleurs lister et hiérarchiser les très nombreux paramètres ayant convergé ou coïncidé pour déterminer le bannissement du grand Marseillais expulsé de la communauté médicale (au moins de celle qui se présente

---

efficacité, est toujours l'objet de critiques, quoique souvent moins frontales. Ainsi sur la station Sudinfo, le Dr. Philippe Devos remettait en cause l'efficacité de l'hydroxychloroquine contre le coronavirus : « *Moi qui suis aux soins intensifs et suis donc confronté aux patients les plus graves, je peux vous dire que c'est certain que ça ne fonctionne pas. Chez nous, on est en train de l'abandonner* ». Reste que dès le départ Didier Raoult n'a jamais dit autre chose, l'efficacité n'étant effective que dans les cas pris précocement. Autre exemple, le dialogue intra-communautaire sur *Europe 1* entre Patrick Cohen et la *philosophe* de hall de gare, Marylin Maeso le 16 mai 2020.

https://www.youtube.com/watch?v=u0RS08_lTB4&feature=youtu.be

comme telle). Toutefois, rappelons que les Bouches-du-Rhône ont été pendant un certain temps une *tache blanche* – remarquable par l'absence de statistiques officielles de morbidité et de mortalité – sur la carte sanitaire et épidémiologique de la France… Et pour cause !

Remède souverain antivirus

Une plaisanterie *venue du Froid* (de Russie) annonçait un remède souverain contre le covid : « *coupez la radio, éteignez les télés, guérison immédiate garantie* »… Parce qu'en fermant les écoutilles, la contagiosité de la psychose – cet ultra virus mental certainement plus dangereux que l'autre pour les générations supposées non vulnérables – s'évanouit comme par miracle. L'hologramme de peur panique se vaporise aussitôt pour, dans le meilleur des cas, laisser place à un peu de raison objective… Hélas cependant pour mieux trop souvent disparaître quelques pas plus loin en croisant une malheureuse créature calfeutrée derrière l'illusoire barrière de son masque ! Au reste, nous aurions dû mieux écouter le Dr. Raoult lorsqu'il nous avertissait : « *Attention au traitement de l'information... les surmortalités interviennent uniquement dans les pays riches pratiquant une médecine découplée des réalités basiques* ». Et puis, après le vote de la loi dite « Avia » (adoptée en deuxième lecture par l'assemblée ce 13 mai 2020) le *garrot* se resserre inexorablement autour de la *libre parole*… sans laquelle il n'est pas de pensée libre et pas de liberté tout court.

La liberté d'expression et de confession vue par Francisco de Goya

Une loi scélérate donc qui vient après beaucoup d'autres et s'inscrit dans le droit fil des textes qui l'ont précédée et décrètent que "*certaines opinions n'en sont pas parce qu'elles seraient en soi des délits*" (mais il ne vient à l'idée de personne de constater qu'il s'agit alors, ni plus ni moins, d'un *délit d'opinion* ? Le sophisme n'est-il pas suffisamment éclatant, non ?). De la loi Pleven en passant par la loi Fabius-Gayssot et ce, jusqu'à cette dernière forfaiture[17]... Constatons amèrement qu'à ce titre, il devient infiniment ardu de remonter le fort courant de la *propagande de guerre* gouvernementale tant l'asphyxiante intoxication et le matraquage de tous les instants sont stressants au dernier degré, anxiogènes et infantilisants.

Là encore un phénomène sur lequel il conviendrait de se pencher afin de comprendre par quels mécanismes certains se montrent plus que d'autres perméables (ou réfractaires) aux idéo-virus... Hier la lutte des classes et les lendemains qui chantent, aujourd'hui le mondialisme cosmopolitiste et la sacralisation de la parole d'élites médicales et politiques qui nous administrent en nous apportant cependant et à chaque nouvel instant, la preuve de leurs insuffisances... et de leurs suffisantes impotences. Guerre disions-nous, en l'occurrence une guerre contre l'intelligence et non contre un *innocent* virus qui se voit chargé et surchargé de tous les péchés capitaux des classes dirigeantes, à commencer par

[17]Aux États-Unis, le Premier Amendement prohibe toute législation limitant le droit d'expression. Disposition constitutionnelle qui interdit le vote de toute loi réprimant ce qui est qualifié en France de *révisionnisme*. Pour l'Union européenne, l'Article 10 de la Convention des droits de l'homme garantit en principe la liberté d'expression tandis "*qu'en même temps*" l'Article 17 interdit d'abuser de ce droit (confirmé par la Cour européenne des DDH), rendant *de facto* caduque cette "liberté"...Comment définir d'ailleurs l'*abus* de la *liberté* en question ? Ici le droit au sens strict n'est plus qu'un fantôme masquant l'arbitraire de la mode ou d'une dictature idéologique minoritaire. En Hexagonie, dans cette perspective, la Cour de cassation a jugé que la liberté d'expression pouvait légitimement être restreinte en vue d'assurer la protection de l'ordre public (mais qui sont les vrais fauteurs de troubles ?), de la morale (qui définit et fixe la morale et que vient-elle faire dans le domaine juridique d'où elle a été par ailleurs exclue ?), ainsi que des intérêts spécifiques des victimes réelles et supposées du national-socialisme.

leur indifférence pathologique à l'authentique bien commun, aux misères et aux souffrances qu'elle engendre. Pensons aux milliers de morts inutiles causés par la gestion désastreuse… mais soigneusement calculée de la flambée coronale ! Au final, la Chine ne nous aura pas uniquement apporté le coronavirus, mais également une abondante source d'inspiration quant à la gestion et au contrôle des masses, ce que d'aucuns baptisent aujourd'hui du doux nom d'*ingénierie sociale !* Le progrès ne s'arrête jamais, ni le cirque politique et pandémique, *the show must go on !*

Censure pour tous et ressorts cachés

Le 21 avril, *Edelweiss*, un abominable commentateur de la Toile, embusqué derrière un sinistre anonymat (si bellement dénoncé par la gracieuse Laetitia Avia[18]), s'exprimait en ces termes simples empreints de simple bon sens : « *Je ne suis pas certain que l'éminent professeur Raoult ait bien saisit toutes les subtilités de la situation.* [En effet] *il semble ne pas voir la perfidie qui se cache derrière la gestion volontairement calamiteuse de cette crise, il est le premier à avoir découvert un traitement adapté à ce type de virus, sans comprendre que pour cette seule raison il était devenu*

---

[18] …Que des malotrus ont osé qualifier de "Shrek" femelle (*female* en globish, langue officielle de la *Start up* Nation macronienne, le français ayant été relégué au rang d'idiome en coma dépassé), du nom de cet ogre verdâtre, personnage de synthèse créé au tournant du millénaire par l'industrie du divertissement d'outre-Atlantique. La comparaison s'arrête là, quoique des pulsions *cannibales* ana-phylogéniques semblent encore affleurer chez cette députée française qui n'hésita pas à *goûter* du chauffeur de taxi récalcitrant à ses grâces et à sa carte bleue !

l'ennemi du plan diabolique élaboré en coulisse en vue d'une vaccination généralisée[19]*... Sa découverte est devenue la bête noire du cartel Gates et Big Pharma qui en a déjà broyé plus d'un : les Pr. Joyeux et Montagnier en sont de criants exemples....* [Dans ce contexte] *la mauvaise foi est devenue l'arme de destruction massive du bon sens* ». Avec, faudrait-il ajouter, la complicité involontaire de foules tétanisées par l'autorité péremptoire et surplombante et du « *vu à la télé* », dispensateur de cet évangile des déshérités de la modernité... mais qui a force de loi et de *sur-moi*. Néanmoins, pour la première fois l'on a vu un homme, Didier Raoult, tenir tête et tenir bon à la doxa sans être *laissé raide sur le carreau* ! Assurément encourageant...

Comprenons bien que, grâce aux bons offices de Mme Avia (affriolant porte-voix de la censure macronienne en Marche), la dérive totalitaire de la démocratie s'accentue chaque jour davantage. Pour la beauté de la chose, précisons que M. Macron et ses porte-cotons garderont les *mains propres* puisque ce sont les grands opérateurs de réseaux (les GAFAM) qui en fin de compte seront chargés de la sale

---

[19] En juin 2005 la Fondation Bill et Melinda Gates apportait un financement de neuf millions de dollars à un consortium international coordonné par l'Institut Pasteur à Paris et le Centre de recherche en Biotechnologie de Braunschweig en Allemagne, avec pour but le développement de vaccins contre le virus de l'hépatite C et le VIH, deux maladies sexuellement transmissibles. Le 24 avril 2020, le Journal de France2 annonçait le lancement de procédures accélérées pour la mise sur le marché d'un vaccin "Bill Gates" contre le covid-19. Voir également la possible découverte du Pr. Montagnier qui pourrait révolutionner la médecine de fond en comble... lesakerfrancophone.fr/big-pharma-mefiez-vous-vos-jours-sont-comptes

besogne… Sous peine d'astreintes en millions d'euros pour manquements à leurs devoirs de nettoyeurs, ils devront supprimer en 24 heures chrono les contenus litigieux ; comprenez les commentaires et les informations susceptibles de ternir l'image de la nouvelle noblesse planétaire, celle qui, dans les paillettes et les moirures *bling-bling*, se repaît de fange et de sang (ayant à l'esprit les millions, oui les millions, de morts des guerres impériales, des révolutions de couleur et des printemps arabes, depuis 1991). Déjà la crise sanitaire a été l'occasion de faire voter sans débat (on sait de qui et de quoi se compose la majorité à l'Assemblée) l'installation de la 5G[20] dont l'innocuité n'est pas prouvée et dont l'un des moindres défauts, en raison de l'intensité de son activité électromagnétique, serait d'affaiblir les défenses immunitaires… (et non pas comme le serinaient ces *buses* de journalistes, d'être la "cause" de l'infection coronavirale). On sait que le premier usage de la 5G est d'ordre militaire, mais à part le virus, contre qui serions-nous donc en guerre ?

[20] Une ordonnance publiée au JO du 26 mars 2020, autorise les fournisseurs d'accès à Internet (certes pendant la période de la crise sanitaire !) de ne plus informer les maires des communes sur lesquelles seront installés ou modifiés des équipements de transmission (antennes), ou de solliciter l'accord de l'Agence nationale des fréquences pour les nouvelles implantations.

La gracieuse Mme Avia, chevelure dégoulinante, dans ses pompes et œuvres parlementaires

La guerre du *Pays légal*, un pouvoir qui n'a cure des petites gens (soit les classes dirigeantes mondialistes par vocation et pour raisons alimentaires[21]… *la soupe est bonne* à qui sait croire et faire croire que 2 + 2 = 5), contre le *Pays réel ?* Celui qui après avoir endossé des casaques jaunes défilait aux côtés de personnels soignants tout aussi harassés et tout autant méprisés que la foule des premiers ? Par suite, difficile de voir une autre guerre à l'horizon que celle qui oppose les « vrais gens » à leurs parasites escortés de leur

[21] Cf. Thorstein Veblen « Théorie de la classe loisir » 1899. Cet économiste américain d'origine norvégienne s'est intéressé à l'antagonisme existant entre producteurs (les classes *laborieuses* astreintes à l'impôt, de l'ouvrier qualifié aux cadres de direction) et "oisifs" au rang desquels l'intelligentsia branchée et les idéocrates (ainsi les pensionnés du Centre national de la recherche scientifique, les personnels de l'enseignement supérieur en charge de diffuser la doxa, les milieux de la culture comme segment prééminent du marché, etc…) qui pullulent sur les plateaux des chaînes de télévision où ils prodiguent généreusement leurs leçons d'humanisme déjanté et de morale athéiste.

basse-cour des miracles, courtisans, prostitué(e)s, *peoples* pourvoyeurs de vices en tous genres, cocaïnomanes, etc. (les noms sont publics et le scandale permanent… Epstein en témoigne, le suicidé involontaire, l'ami de tous les puissants, *progressistes* et *altruistes*, sur les deux rives de l'Atlantique) ! Mais rien à voir avec une *lutte des classes* qui n'a jamais existé que pour mieux brigander les nantis et transmettre les biens et les couronnes à une caste de parasites universalistes et internationalistes, toujours les mêmes, ceux-là qui visent aujourd'hui l'instauration d'une gouvernance mondiale. Madame Avia en est la digne représentante, même si elle n'en est qu'une microscopique et dérisoire cheville ouvrière.

Shrek V, moi, moche et méchant

La société de surveillance généralisée

Un dernier mot relatif à cette Mme Avia qui aura confié la censure (qui très hypocritement n'ose s'assumer) aux Réseaux sociaux de la Silicon Valley : le nouveau texte de loi va en effet déléguer à des opérateurs privés le soin de faire le tri entre le *bon grain* politiquement correct et l'*ivraie* du non-conformisme et de la dissidence. Ces entités oligopolistiques se voient ainsi chargé de *réguler* les libertés publiques, c'est-à-dire de surveiller et de punir (par le retour au néant du silence et de l'invisibilité) qui ne plaît pas ou qui serait en position de lever le voile sur les zones crépusculaires et peu ragoûtantes des domaines les plus lucratifs… En un mot de faire de l'ombre ou d'empêcher de danser en rond la vermine grouillant dans les sous-sols et les bas-fonds de la *démocratie de marché*. Raoult quoique protégé par sa notoriété n'en a-t-il pas moins été menacé par l'Ordre des médecins ? Car cet homme nuit à la bonne marche des affaires, c'est certain… la chloroquine ne coûte rien, un ou deux euros la dose, tandis que la vaccination et ses seringues à injections unique, des milliards. À terme, Raoult ne fait évidemment pas le poids. Facebook et YouTube ont déjà embauché des milliers de vigiles, de surveillants et de kapos de la pensée, pour mieux cribler à l'instant leurs *plateformes* à échelle intercontinentale (sauf en Antarctique, les manchots n'étant pas – encore – accrocs à la drogue télématique) ! Le dispositif se met en place…

Enfin dans une société infectée par un corona virus dont l'OMS nous dit qu'il deviendra endémique, nous nous trouvons condamnés à vivre désormais sous l'épée de Damoclès d'une deuxième puis nième vague (en France où l'on vient de trouver plusieurs nouveaux foyers dans des abattoirs : 34 cas près d'Orléans, six dans les Côtes-d'Armor et une vingtaine dans une entreprise agroalimentaire de volailles en Vendée…). Nous serons par voie de conséquence surveillés *ad vitam æternam* – c'est acquis et accepté par avance, telle est la rage de servitude volontaire qui accable nos contemporains – notamment par des brigades chargées de repérer les individus contaminés et de dépister leur entourage proche et plus lointain. Il s'agira pour ce faire d'encourager une politique de délation, à commencer par les soignants qui ne seront plus astreints au secret médical. Plus grave, ils recevront apparemment (une disposition envisagée si ce n'est déjà effective à en croire le directeur de l'Assurance maladie, Nicolas Revel, se confiant aux "Échos") *trente deniers* pour toute dénonciation d'un malade et ce, afin que nul ne puisse passer à travers les mailles du filet... Un forfait de 55 euros défraierait la découverte d'un nouveau cas et deux misérables petits euros pour chaque contact au-delà du cercle familial. Ah si MM. Lénine, Trotski, Staline et Mao avaient pu disposer de tels instruments, à l'évidence « *le monde aurait changé de face* » !

18 mai 2020

L'épidémie s'éteint... Donc les masques deviennent obligatoires

25 mai 2020

Selon l'*Institut national de la statistique et des études économiques* la mortalité en France était revenue à la normale dès le 20 avril, une normalité dont en vérité nous ne nous sommes jamais considérablement éloignés sauf dans la présentation apocalyptique qu'en a donné le gouvernement notamment à travers une presse compradore et des tambours de guerre médiatique battus sans relâche par de pseudo-élites promptes à « *enfourcher le tigre* » comme l'a si bien suggéré le chef de l'État avec l'esprit et l'à-propos qui le caractérisent.

Maintenant si l'on veut parler bilan, il est indispensable d'avoir en mémoire quelques chiffres permettant de comparer ce qui est comparable... La grippe espagnole (H1N1 – 1918/1919) avec un taux de mortalité compris entre 2 et 3 %, a vraisemblablement causé la mort d'une centaine de millions d'individus ; la grippe asiatique (H2N2 – 1957/1958), a causé un million et demi de décès avec un taux de létalité de 0,2 % ; la grippe de Hong-Kong (H3N2 – 1968/1969), un million de morts avec taux également de 0,2 % ; grippe mexicaine de 2009/2010 (H1N1), 400 000 morts, taux 0,03... Quant au SRAS-CoV-2 (Covid-19 – 2019/2020), une *modélisation* de l'Institut Pasteur établissait au 21 avril sur la base des données hospitalières un taux de mortalité chez les personnes infectées d'environ 0,5 %, confirmant la stabilité de ce taux depuis une étude précédente datée du 22 mars. À New York, ville la plus touchée des États-Unis, le taux de létalité était de 0,6 % au 23 avril. Certes un taux supérieur à celui de 1968/69 (0,5 contre 0,2) mais des chiffres en termes de décès très inférieurs : au 24 mai 2020 [à 18h20] la pandémie avait fait officiellement 342 295 morts dans le monde soit trois fois moins qu'en 1968/69 et ce, à l'époque, avec infiniment moins de tapage. Il est vrai que les tam-tams médiatiques s'en sont donné à cœur joie pour semer la panique… et entretenir une formidable psychose, singulièrement inédite. De quoi nourrir nos réflexions pour un bon moment !

Pour nous résumer : la létalité du virus a été réellement équivalente à celle d'une mauvaise grippe, type Hong-Kong ou encore, à la mortalité liée au risque encouru dans nos déplacements quotidiens… Eh oui ! Soit vingt fois inférieure aux prédictions de l'OMS et de l'*Imperial College* de Londres dont les *docteurs Folamour,* toxicomanes ultra dépendants aux algorithmes, ont été les sources majeures et vénéneuses de la panique mondiale. Aussi quand les médiacrates nous parlent avec l'emphase qui les caractérise de « *la plus grave crise sanitaire jamais traversée par la France* », il y a de quoi se gondoler nonobstant les deuils qui ont frappé tant de familles et, disons-le, tant de morts inutiles induits par une gestion de crise singulièrement catastrophique… Ainsi le confinement dans les Ehpad a engendré une surmortalité tout à fait évitable, sans parler de la détresse des vieillards cloitrés et isolés dans leur chambre, coupés de leurs proches et du reste du monde. Dans la plupart des pays développés, ce sont de 50 à 70% des décès qui seraient survenus dans les Ehpad, lesquels n'ont tiré aucun bénéfice du confinement général. En outre, un doute légitime subsiste quant à la cause première des décès ou au rôle joué par l'anxiété, peur et la solitude.

En soi cet aspect du confinement qui au final aura sans doute causé plus de morts qu'il n'en aura épargné, lui confère un caractère criminel – en pesant nos mots – si bien qu'en toute justice des comptes devraient être demandés et rendus. Selon *Le Figaro*, 71 actions pénales ont d'ailleurs été intentées par de simples citoyens afin d'appeler à comparaître devant la Cour de justice de la République les ministres et responsables politiques gestionnaires exécrables de la crise eu égard aux milliers, voire aux dizaines de milliers de morts surnuméraires. Ajoutons ici, dans le même registre, que l'ancien directeur du Renseignement de la Direction générale de la Sécurité extérieure – de 2002 à 2003 – Alain Juillet, s'exprimait le 23 sur la chaîne Russia Today, en ces termes « *C'est toute la chaine décisionnelle médicale, administrative et politique qui est responsable du fiasco... et qu'en dépit des largesses actuelles...* » la crise sera suivie par un effondrement économique dont l'ampleur n'est certes pas encore prévisible ! Des dirigeants médicaux et politiques non seulement responsables – et coupables – de surmortalité induite mais encore et surtout d'une casse économique et sociale d'une ampleur inédite…

Trahison des "élites"

La gestion catastrophique – et catastrophiste – qui a été faite de la crise a introduit une division ou même une fracture inédite au sein de la population entre ceux qui ont peur, ceux qui sont influençables ou crédules et ceux qui savent garder la tête froide. En tout cas la crise a fait des heureux : les camps de rétention pour clandestins ont été ouverts et les prisons et autres lieux dits de *privation de liberté* sont vides, 13 000 délinquants et criminels en sont sortis ou ont été refoulés à leur entrée. Bravo Mme Belloubet. Quand le quidam de base est enfermé et confiné, la voyoucratie se refait une santé au grand air avant de s'empresser – à n'en pas douter – de bientôt rattraper le temps perdu.

Bref, il faut insister, cette peur panique a été sciemment fabriquée pour mesurer ou tester la servilité – ou l'aptitude à la soumission volontaire – de l'homme actuel devenu, l'œil vissé sur son *smartphone*, une sorte de "glouton optique" prêt à tout gober, à tout avaler et dont le degré de perméabilité à la propagande s'est considérablement accru ces dernières années en proportion de l'augmentation de son *addiction* au tout numérique. S'y ajoute le règne croissant d'une pensée mécanique post-humaniste, de la prééminence de la quantité et du chiffre sur l'intelligence concrète, terre-à-terre, celle d'un Dr. Raoult dont la préoccupation était d'abord de soigner ses malades dans l'urgence et non pas de manier des instruments mathématiques aussi incertains qu'inutiles au service des méga groupes pharmaceutiques… ou de politiques délétères de contrôle et de manipulation des masses au service d'idéologies matérialistes, athéistes et néanmoins plus ou moins explicitement messianiques… Le gros argent fait bon ménage avec les chimères et les délires relatifs à l'assomption d'un nouvel Eden avançant à rebours d'un hypothétique réchauffement climatique – rappelons que le Pr. Raoult est taxé, quelle horreur, de climato-scepticisme ! – vers l'égalité universelle décrétée de tous les humains. Une égalité qui se situera à mi-chemin entre la caserne et le goulag.

La guerre livrée au bon sens

Le débat sur le traitement précoce du Pr. Didier Raoult de l'infection coronavirale est *emblématique*, au sens particulièrement fort du terme. Le Dr. Raoult a fait front avec un indéniable courage aux attaques qui ne cessent d'être lancées contre sa personne afin de mieux discréditer son travail et des résultats pourtant incontestables. Ayons à l'esprit le pédomane revendiqué et triomphant sur les plateaux de la chaîne LCI, le sieur Cohn-Bendit en compagnie de ses copains et complices éditorialistes – en fait des *commissaires* politico-idéologiques – Luc Ferry et Olivier Duhamel, ringards parmi les ringards, éructant le 29 mars : « *Qu'il ferme sa gueule !* ». Une envolée assez peu lyrique qui donne la mesure d'une haine sans limite à l'égard de celui qui dérange. Haine que ne sanctionne surtout pas la « loi Avia » dont le seul objectif – en dehors de fournir une arme et un cadre juridique à tous les délateurs et sycophantes patentés – est d'étendre l'institutionnalisation du délit d'opinion – existant depuis la loi Pleven de 1972 – afin de réduire au silence l'ensemble des oppositions susceptible de sortir du champ *légal* de la correction politique... Rien de ce qui est monstrueux n'est à présent haïssable, mais au contraire obligation nous est faite d'aimer et de chérir ce qui nous est odieux. Les exemples abondent et sont par conséquent inutiles.

En ce qui concerne l'hostilité déclarée à l'encontre du Dr. Raoult, BFM-TV rediffusait le dimanche 24 mai une émission datant de la veille, véritable incitation ou appel à la haine envers l'épidémiologiste marseillais...Témoins à charge, un délégué CGT sorti d'on ne sait d'où, et une femme au visage caché présentée comme une *victime morale* du grand médecin. *A contrario*, il faut saluer l'ancien ministre de la Santé et maire de Lourdes, Philippe Douste-Blazy qui, n'ayant pas tout à fait oublié son serment d'Hippocrate, s'est autorisé à démolir en direct et en règle, le samedi 23, sur le plateau de la perruche de luxe, Apolline De Malherbe, l'étude publiée par la prestigieuse revue médicale « The Lancet ». Usant de sa formidable notoriété, ce "support de référence" visait ni plus ni moins qu'à renvoyer au néant le traitement du Pr. Raoult en le présentant comme *inefficace* voire *nocif*...

Le naufrage de *The Lancet*

En fait, le coût dérisoire du traitement du Pr. Raoult se heurte frontalement aux milliards de dollars en plus-value boursière que peut valoir l'annonce de l'arrivée d'un vaccin sur le marché. Le test de *The Lancet* portait sur 96 000 patients, et, miracle, aussitôt ses résultats connus, le ministre Olivier Véran saisissait le Haut Conseil de la Santé publique afin de réviser les conditions de prescription de l'hydroxychloroquine assouplies depuis peu ! Or Douste-Blazy, médecin lui-même, a durement vilipendé cette étude parce que ses résultats ont été apparemment biaisés sinon truqués... Dans le groupe testé à la chloroquine, 20 % des sujets étaient en effet déjà atteints d'affections respiratoires graves contre seulement 7 % dans le groupe de contrôle... Un moyen déloyal de gonfler la mortalité du *groupe chloroquine*... Car *effectivement « si vous donnez de la chloroquine à des mourants, c'est sûr qu'ils vont mourir »*.

Mais « Pourquoi des scientifiques reconnus fausseraient-ils des données médicales aussi importantes ? » lui demanda alors la bécasse de service qui l'interrogeait en perdant pied. Or, à entendre Douste-Blazy, les revues de grande renommée comme *The Lancet*, sont depuis quelques années tombées sous la coupe des multinationales du médicament. Les enjeux financiers sont devenus tels que les grands laboratoires ont pris l'habitude de financer discrètement la publication de certains articles : *« Si le laboratoire américain Gilead annonce qu'une de ses molécules marche, le Wall Street journal reprend cette info, le lendemain et la hausse immédiate du cours de Bourse fait gagner quatre milliards de dollars aux actionnaires. Les laboratoires ne peuvent laisser passer cette chance unique de faire des profits colossaux ».*

L'explication est à retenir même si d'autres paramètres entrent assurément en ligne de compte. Ajoutons que le nom de *Gilead* est aujourd'hui associé à l'annonce de la sortie d'un vaccin anti-covid qui prendrait de vitesse toutes autres les recherches et qui représente en investissements des sommes fabuleuses. Qu'est-ce que la réputation et la capacité à soigner et à guérir d'un petit médecin français en comparaison ? Rien ! Nada ! Et, en ce qui concerne l'état de la santé publique à échelle planétaire, que vaut la vie et la survie de millions de personnes face aux cours des actions des multinationales du médicament sur les places financières ?

Le confinement a-t-il sauvé des vies ?

Je ne vous accablerai pas avec d'avantage de chiffres. Rappelons – sans risque d'être contredit – que la décision de confinement général, ordonné par le gouvernement, a été basée sur des chiffres gonflés, c'est-à-dire sur un taux de mortalité surestimé du covid-19. Surestimé au départ dans les prévisions et à l'arrivée dans les relevés statistiques de terrain pour justifier une politique de contrôle sociale à plusieurs entrées… Il est avéré que la mortalité a été inférieure à celle de l'Europe de l'Ouest et des côtes Pacifique et Atlantique des États-Unis – voire beaucoup plus faible – dans les pays qui se sont refusés à la fausse facilité du confinement : Japon, Corée du Sud, Singapour, Formose, Japon, ou ici, en Europe du Nord, la Suède, saluée récemment par l'OMS comme un exemple et qui bénéficie désormais d'une immunité collective très élevée. Et ne parlons pas de tous nos voisins qui ont adopté un confinement relatif : Allemagne, Pays-Bas, Danemark, Autriche…

Maintenant avouons que le confinement n'a pas été rendu nécessaire en France, en Italie, en Espagne et au Royaume-Uni simplement en raison d'une mauvaise appréciation de la situation, d'un excès – autrement bien pardonnable – de zèle en application d'un *principe de précaution* mal compris, mais pour de nombreuses et très mauvaises raisons… Notamment le délabrement des systèmes de santé soumis au dogme couperet de la rentabilité comptable. Dans le contexte d'un démantèlement général du pays, morceau par morceau, à commencer par les services publics et les secteurs stratégiques de l'économie et de l'industrie, privatisés et/ou vendus à l'encan les uns après les autres. Dépeçage du pays en cours et en progression constante. N'est-il pas question de vendre une partie du mobilier de l'État et du patrimoine au profit d'une fondation privée – celle de Mme Macron – pour renflouer les caisses vidées par la crise ? Et qu'on se le dise, tout ceci ne relève pas d'un absurde phantasme complotiste. Il s'agit d'une vérité si évidente que beaucoup préfèrent ne pas la voir, ne pas s'en émouvoir et pire, regarder ailleurs. Ce qui, entre parenthèses, dessine les limites vite atteintes au XXIe siècle du régime démocratique tel que nous le connaissons.

Privatiser, libéraliser l'économie participe d'un projet soigneusement mûri et planifié – je vous renvoie à mon livre « *L'imposture* » publié en janvier 2018 – de déconstruction systématique de ce qui fut la Nation française. L'ennemi c'est la Nation et ceux qui la défendent, avec pour seul horizon l'Unification planétaire du Marché assortie d'une Gouvernance mondiale… laquelle a bien montré le bout de son nez à l'occasion de cette pandémie : la dictature sanitaire qui s'annoncent – vaccination obligatoire pour tous ? – et dont nous voyons actuellement les prémices, est un premier pas vers la *tyrannie consensuelle* de demain. Société globalisée où il sera interdit de ne pas se plier aux règlements sanitaires, au port du masque symbole de la soumission individuelle et nationale, à la distanciation qui atomise le corps social.

Chacun a pu constater qu'après avoir supprimé les frontières du pays – restées trop longtemps ouvertes pendant la crise – le gouvernement d'occupation mondialiste les a rétablies, mais cette fois à l'intérieur, avec l'interdiction de déplacement dans un rayon de plus de cent kilomètres à partir de son lieu de résidence. Cette fragmentation du pays est préparée à ce titre en vue d'intégrer de grandes régions euro-mondialisées sur le modèle des Lander allemand au sein d'une Union européenne de plus en plus intégrée et fédérale. La pseudo pandémie et le stress post-traumatique qui l'accompagne préludent à cette Europe du contrôle de masse au prétexte sanitaire, adossé à tout l'arsenal des restrictions de liberté et de déplacements nées avec le bienheureux Covid !

L'épidémie s'éteint donc les masques deviennent obligatoires

Avant que n'advienne la valse attendue des ministres après le second tour des élections municipales – il faut impérativement appeler ceux qui se languissent sur les bancs de touche, renouveler les équipes et suggérer à M. Philippe de se consacrer à plein temps aux affaires particulières de sa bonne ville du Havre – nous avons eu la valse des masques… à contretemps ! Au début de l'épidémie le port du masque était inutile… qui ne se souvient de l'inénarrable saynète de Mme Ndiaye, la porte-parole de la présidence ? Mais à présent que l'épidémie s'achève, il faut le porter sans défaillir. Cela avec toutes les conséquences grotesques ou dramatiques que cela ne manque pas d'engendrer…

Pour l'anecdote, en guise de parabole… Le 20 mai 2020, dans les Côtes d'Armor, devant un supermarché, un homme âgé trébuche, tombe à terre et ne parvient pas à se relever. Il est évidemment nanti d'un masque. Aussitôt un petit attroupement se forme autour de lui, mais personne n'entend le relever, *gestes barrières* obligent. Les pompiers arrivent enfin, las ! La procédure ne prévoit pas de relever un vieil homme gisant au sol… Mis sur un brancard, il est dépêché aux urgences où il passera la journée… pour rien.

À Aubenas une femme s'interpose lorsque des passants s'en prennent à un homme non masqué. La police municipale intervient et embarque la susdite… Cris, empoignades, la scène est pénible – on la trouve facilement sur la toile – déjà par sa stupidité, en raison de la bêtise obtuse des pandores municipaux qui s'acharnent sur la malheureuse – en témoignent les images – et la traînent vers leur véhicule dont personne n'a eu ni l'idée ni le cran de dégonfler les pneus… Il est vrai que chacun est occupé à filmer avec son *mobile*, au point que nul ne songe à intervenir pour faire barrage à l'arbitraire administratif en marche… Lequel est très hautement révélateur de l'état d'abaissement moral de nos contemporains (au moins d'une majorité d'entre eux : 66% dit-on se déclarant en accord avec les restrictions apportées à la vie sociale !) et dans l'absolu, incapables de s'insoumettre lorsque cela est nécessaire en pratique et en morale.

25 mai 2020

Arnaqueurs & Covidés

1er juin 2020

Le plus fascinant dans toute cette affaire c'est encore l'impavidité du rouleau compresseur mondialiste qui continue d'avancer inexorablement et imperturbablement équipé de son arme de destruction massive des cervelles et des peuples : le mensonge nécessaire à l'asservissement des âmes. Depuis un siècle au moins, pour ne pas remonter plus haut – depuis le torpillage orchestré du Lusitania via Pearl Harbor le 7 décembre 1941 ou l'attaque "terroriste" du 11 septembre 2001 contre les Tours Jumelles[22] – "*nous baignons au sein de la Matrice*

[22] Drames que le président Trump considérait le 6 mai comme des « *attaques* » dirigées contre les États-Unis au même titre que l'épidémie de coronavirus « la pire attaque à laquelle notre pays ait jamais été confronté ». Mais au chapitre des mensonges sidérants il oublie bien évidemment la fiole d'anthrax qu'agita sous le nez du Conseil de Sécurité le Secrétaire d'État Colin Powell, le 5 février 2003… et les alunissages à répétition avec des véhicules aérospatiaux qui eurent le bon goût de ne jamais faillir les dix années que dura le programme Apollo 1961/1972), mais qui ne purent – *fatalitas* – jamais y retourner depuis… jusqu'à ce que l'on salue comme un exploit indescriptible l'envol de la fusée SpaceX d'Elon Musk après neuf ans d'absence des É-U sur la scène spatiale, uniquement occupée par les Soyouz russes qui eux, n'ont jamais déposé que de modestes robots sur le sol poudreux de Séléné.

dans l'épais liquide amniotique du mensonge » ! À telle enseigne que la composition chimique de notre cerveau et sa "résonance"[23] en ont été partiellement modifiées. Ceci à tel point que, dans un monde abreuvé de *pilpoul* sophistique, de constant abrutissement télé-audiovisuel sous la férule de commissaires politiques tout droit sortis du ventre putride de l'immonde bête social-démocrate, nous ne percevons plus la réalité qu'en demi-teintes, déformée, grotesque à l'instar des ombres dansant sur les parois de la grotte platonicienne.

En effet, la falsification du réel a de nos jours atteint un tel niveau, que désormais une part significative de l'humanité – surtout dans le vieil occident cacochyme – croit dur comme fer que *deux et deux font cinq*. Le déchaînement de haine à l'encontre du traitement préconisé par le Dr. Raoult en est un exemple éclatant : peu importe les résultats car il suffit de les nier avec suffisamment d'aplomb et de hargne[24] pour faire taire et pour effacer les plus implacables et irréfragables évidences. Nul, ou si peu, ne pose plus la question élémentaire « *ça marche ou ça ne marche pas* » ! Aussi, le spectacle que nous offre cette polémique surréaliste – dont les fondements sont ceux de la puissance

---

[23] La *biorésonance* électromagnétique est un nouveau champ de recherche en biologie et en médecine. Basée sur la mécanique quantique et ondulatoire, elle fait l'objet des recherches conduites par des savants aussi éminents que décriés tels le Pr. Gérard Montagnier.

[24] Une mention spéciale pour l'excité Maurice Szafran sur LCI, vaguement désigné comme « éditorialiste », et dont la haine rabique à l'égard du grand médecin marseillais, est digne de la plus vive admiration.

matérielle adossée à de formidables enjeux financiers – est absolument consternant… et plus encore angoissant pour ce qu'elle révèle de dérive potentiellement totalitaire de nos sociétés vieillissantes… et peut-être finissantes !

Petit florilège de haines très ordinaires

Boulevard Voltaire publiait le 28 mai un petit florilège de quelques gracieusetés balancées sur les plateaux qui en disent long tant sur l'arrogance sans limites de nos élites issues des *sentines génétiques*[25] de la République Universelle, que sur leur abyssal mépris du Pays réel… Des gens qui devraient se sevrer de leurs habituelles drogues narcissiques pour se regarder sans fard dans une glace : le pédomane Daniel Cohn-Bendit sur LCI « *Qu'il ferme sa gueule, y en a marre de ce genre de mecs !* » ; « *Est-ce que, psychologiquement, le Pr Raoult n'est pas un fou furieux ?* » Maurice Szafran, éditorialiste à Challenges ; « *Raoult ? C'est un vulgaire youtuber* » Yaël Goosz, chef du service politique de France Inter ; « *L'animateur d'un Barnum, un clown se donnant en spectacle dans un cirque* » Olivier Duhamel, animateur sur Europe 1 ; Alain Duhamel, son frère, cette face d'empeigne : « *un déséquilibré psychique* » ; ou encore de « *sombre connard* » twitte Robert Namias, directeur des rédactions du groupe Nice-Matin. S'y ajoute tout un lot d'étiquettes réputées infamantes : « *populiste* »… « *conspirationniste* »… « *Le Pr. Didier Raoult est devenu une figure centrale des théories complotistes* » *dixit* "Le Monde". Pas encore antisémite et négationniste, mais cela ne saurait tarder !

---

25 *"Sentines génétiques"* image que l'on doit à l'écrivain new-yorkais Norman Spinrad *in* « Rêve de fer » (1972).

Épithètes et noms d'oiseau plus désobligeants les uns que les autres, mais apportant de précieuses indications quant à la corruption mentale et à la vilénie corrosive d'une classe politico-médiatique grassement rétribuée pour exposer sa bêtise au feu des projecteurs… et défendre les intérêts crapuleux de certaines industries pharmaceutiques via l'immense cascade des ceux – des politiques aux unités de recherche et divers services hospitaliers – émargeant à leurs largesses.

Lutte sélective contre l'expression de la "haine"

L'époustouflante Mme Avia ne s'intéresse évidemment pas à la nomenklatura médiatique, laquelle peut tout se permettre sans risque aucun. Mme Avia prétend de toute son imposante personne – enflée des forces obscures qui se profilent derrière elle – *civiliser* les réseaux sociaux en combattant la méchante "haine" qui s'y déverse à gros bouillons. Pour ce faire, elle invite benoîtement à développer une culture de la délation – à mettre bien entendu en parallèle avec le rôle que la Caisse d'Assurance maladie qui entend confier aux médecins généralistes le rôle de sycophantes stipendiés, rémunérés pour tout signalement de séropositif au Covid – un signalement suffira alors pour vous faire exclure de tel ou tel réseau… Chacun surveillant son voisin afin de l'épingler et le faire éjecter le cas échéant d'un simple clic ! Le citoyen éclairé des lumières de la bienpensance se fera ainsi un devoir de veiller à ce que nul ne s'écarte du chemin étroitement balisé par la correction éthico-politique. Une *charia* laïque en quelque sorte ! Nous sommes entrés – en sus ou en complément des caméras de reconnaissance faciale et du traçage par carte bancaire – dans une société de l'auto-surveillance généralisée qui n'est certes pas sans rappeler les plus belles heures du communisme… Sous Staline ou durant la Révolution culturelle de 1967, quand les juvéniles étaient honorés pour la dénonciation de leur père et mère. À coup sûr sectes, groupuscules, communautaristes et autres partisans en bandes organisées de la lutte contre le crime de la pensée déviante (ou simplement mal sonnante) s'en donneront à cœur joie pour convertir leurs aversions idéologiques en une censure féroce …

Lutte sans merci contre la « haine », mais toujours à sens unique. Jamais contre les monopolistes de la langue de bois ayant pignon sur rue dans l'audiovisuel tous secteurs confondus (public comme privé), et dont l'une des premières raisons d'être – outre leurs pharamineux émoluments[26] – l'abrutissement et le gavage industriel avec de l'information frelatée, biaisée, faisandée – est d'interdire, de bloquer l'expression de toute pensée autre, de toute vision du monde pouvant contredire ou infirmer la version officielle. À côté du brouillage de la réalité et de la confusion des esprits, la négation de toute alternative à la pensée unique est à exclure, à proscrire et, *in fine*, à détruire.

Il faut attendre que des événements catastrophiques surviennent pour apporter une esquisse de démenti à la doxa hyper-dominante… Et encore ! On le voit dans les émeutes

---

[26] Une enquête (2019) du magazine VSD nous apprend que Nikos Aliagas sous contrat d'exclusivité avec TF1, touche 35 000€ mensuels pour animer ses émissions. Cyril Hanouna n'en perçoit "que" 25 000 par mois, mais en tant que producteur de son émission il perçoit plusieurs centaines de milliers d'euros en dividendes par le biais de sa société H20 ! Jean-Luc Reichmann 125 000€/mois ; Arthur : 250 000€ par émission… France Télévision, Service public comme garantissant davantage de sécurité à ses salariés, rémunère beaucoup moins bien : David Pujadas (Fr2), toucherait 12 000€ par mois et Élise Lucet seulement 10 000. De quoi crier misère !

qui secouent nombre de grandes villes américaines… Minneapolis, Houston Atlanta, Miami, Chicago, Los Angeles, New York, boutiques pillées et incendiées, jusqu'à une statue monumentale de Louis XVI amputé à Louisville ! Tous les prétextes sont bons à l'embrasement[27]. Reste que, loin de démentir l'idéologie mortifère de la cohabitation pacifique de communautés hétérogènes voire hétéroclites dans un même cadre national. Nous avons en mémoire le Liban, la Yougoslavie, l'Irak, la Syrie, etc. Flamands et Wallons sont trop peu nombreux et trop avachis pour s'entretuer… mais s'ils le pouvaient ! Ces

---

[27] Le décès le 25 mai du présumé délinquant afro-américain George Floyd, 46 ans, à Minneapolis causé par d'inexcusables brutalités policières (mais la violence n'est-elle justement pas consubstantielle à l'Amérique ?) a été l'occasion d'émeutes ethniques (à ne pas confondre avec les manifestations regroupant blancs, noirs et hispaniques) d'une ampleur inégalée depuis celles d'avril 1992 à Los Angeles après l'acquittement de quatre policiers blancs accusés d'avoir passé à tabac un dénommé Rodney King. Il faut remonter trois ans en arrière [washingtonpost.com/graphics/national/police-shootings-2017/] pour avoir une idée da la maltraitance des noirs par les "pigs" (porcs – alias policiers de race caucasienne) : 19 noirs non armés ont été tués en 2017 par les forces de l'ordre contre 17 en 2016 et 36 l'année précédente. Meurtres qui représentent 22% des 68 personnes désarmées abattues par l'autorité publique (51 en 2016 et 94 en 2015), « *alors* – écrit le "Post" – *que les hommes noirs ne représentent que 6% de la population* ». Argument fallacieux s'il en est, voire vicieusement crypto-marxiste, puisque l'on sait que la population noire est sur-délinquante. Toutes communautés confondues, les policiers ont abattu, toujours en 2017, 735 personnes en possession d'armes blanches ou à feu, 693 en 2016 tandis que 46 policiers trouvaient la mort dans l'exercice de leurs fonctions pour 66 en 2016. Concluons que sur l'année de référence, 78% des individus désarmés tués par les forces de police n'étaient pas des afro-américains, ce qui montre que certaines morts ont plus d'intérêt que d'autres.

troubles à quelques mois de l'élection présidentielle américaine sont du pain béni pour nos idéocrates et nos propagandistes du suicide national et de la guerre civile inter ethno-confessionnelle qui trouvent là l'occasion de réactiver leur vaseuse grille d'explication néomarxiste : anciens esclaves malmenés et toujours ségrégués par une dominance blanche toujours travaillée par de récurrentes tentations suprématistes… Cela, un siècle et demi après une atroce guerre civile censée avoir aboli tous les préjugés raciaux avec l'odieuse pratique de l'esclavage.

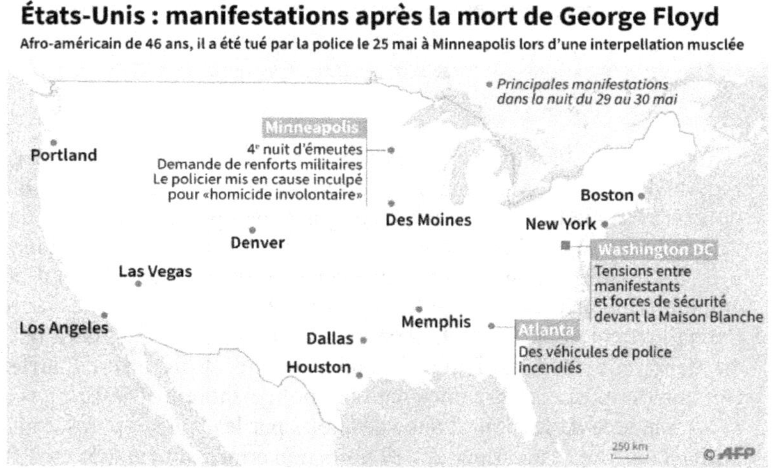

« Black Lives Matter » ***La vie des Noirs compte…***
Celle des blancs également !

Donc lutte contre la mauvaise « haine » mais pour la bonne, celle qui s'affiche et s'étale sur les écrans domestiques. En son nom, c'est le désaccord politique qu'on cherche de plus en plus ouvertement à proscrire. Résumons que toute critique du système ou des individus sera automatiquement requalifiée en « haine » autorisant et recommandant l'expulsion immédiate de l'espace public … avec repli assuré pour les moins audacieux ou les moins téméraires, dans les bastions de l'autocensure. La vérité est alors condamnée à trouver un ultime refuge dans les catacombes... Déjà en 2018, le pacte de Marrakech nous en avait averti – mais à quoi servent les avertissements à des foules covidées en attente fébrile d'un surcroît de confinement ? – invitant expressément les États à ne plus « allouer des fonds publics ou d'apporter un soutien matériel aux médias qui propagent systématiquement l'intolérance, la xénophobie, le racisme et les autres formes de discrimination envers les migrants, dans le plein respect de la liberté de la presse ». Il ne s'agit maintenant plus de médias mais de toute personne jetant un regard négatif sur les bienfaits de la mondialisation béate et du merveilleux vivre-ensemble. Le lacet se resserre sans cesse et la criminalisation du désaccord progresse. Bientôt nous serons asphyxiés de la même façon sous le talon de fer de la démocratie libérale-participative que le malheureux George Floyd l'a été par le genou pesant d'un policier trop zélé [cf. note7].

Une histoire de haine sans fin...

Quant aux adeptes de son protocole de traitement – « *des hydroxychlori-connards* » à en croire Roselyne Bachelot, ancienne ministre de la Santé et chroniqueuse *cochonou* sur France 5 – Raphaël Enthoven (disserteur mondain qui s'est naguère partagé avec son père les faveurs de Carla Bruni Tedeschi), ne les traite pas mieux : « *On a autant de chances de convaincre un partisan du Dr Raoult qu'un platiste* »... C'est-à-dire un croyant en la platitude de la sphère terrestre... Une intéressante déviation mentale à l'instar de celle relative aux "*reptiliens*", si utile à tourner en dérision tous ceux qui s'efforcent d'ouvrir les yeux de leurs contemporains sur l'immédiate et aveuglante conspiration contre les nations que forment, entre autres, l'Union européenne ou l'OMS. Cette Organisation mondiale de la Santé, organe majeur de la bio-dictature en cours d'instauration dont nous venons de voir les prémisses à l'occasion de cette dernière crise sanitaire (et il y en aura d'autres… déjà l'*On* prépare l'opinion à un reconfinement à l'automne histoire de contenir les tempêtes sociales qui s'annoncent dans le contexte de faillites économiques en tombée de dominos) aux allures de baudruche gonflée aux dimensions planétaires, exception faite de quelques pays africains trop arriérés (ou trop échaudés) pour tout gober.

Merci au président Trump pour avoir quitté cette Organisation dévoyée et tenues en sous-main par des intérêts privés (ceux par exemple de la Fondation Gates), autrement dit des intérêts bassement lucratifs pour ne pas parler d'objectifs crapuleux… pendant la crise du SRAS-CoV-2, la vie de dix-sept mille vieillards n'a-t-elle pas été en partie sacrifiée sur l'autel dédiée à BigPharma[28] ? (Ce président Trump, présenté lui aussi comme fou, tente de textuellement de "libérer" les États-Unis de l'État profond[29]

---

[28] http://statcorona.fr/#!/ – 50% environ des 28 802 décès recensés en France au 31 mai 2020, ont essentiellement concerné des octogénaires. Au 25 mai – sante.journaldesfemmes.fr – depuis le 1er mars 2020 : 10 256 décès transmis électroniquement à Santé Publique France contenaient une mention de Covid-19 parmi les causes médicales de décès renseignées. L'âge médian du décès était de 84 ans et 91% avaient 65 ans et plus. Les hommes représentaient 54% de ces décès.

[29] Entretien dans le "Bureau ovale" de la Maison-Blanche le 24 mai 2020 https://abc3340.com/news/nation-world/exclusive-one-on-one-with-president-trump-on-battle-against-coronavirus – Traduction E&R – Trump à propos de l'Obamagate, un Watergate à la puissance dix : « J'ai une chance de briser l'État profond » https://www.youtube.com/watch?v=triKgP2xf1M

et, parce qu'il serait – à entendre les mêmes médiacrates qui vomissent tout autant le Pr. Raoult que le président américain – lequel se flattait le 18 mai dans un point de presse dans les jardins de la Maison-Blanche de prendre – sur les conseils de membres d'un corps médical sans doute tout aussi déjanté que leur patron ! – de l'hydroxychloroquine... « J'en prends depuis une semaine et demie... je prends un comprimé par jour ». Rappelons que tous les expatriés en zones tropicales en ont pris – sous forme de nivaquine – pendant plus d'un demi-siècle et n'en sont pas morts pour autant. Mais c'était avant Mme Buzyn et sa larme facile[30]... aujourd'hui le pathos tient lieu de *vade-mecum* à toutes les incuries doublées des mensonges les plus cyniques chez ceux-là où l'insuffisance intellectuelle le dispute à la vénalité. Et faites-moi plaisir jetez aux cabinets toutes les autres explications freudo-marxistes, ces gens ne sont pas victimes de leur inconscient, ils ne culpabilisent jamais, en témoigne la vitesse de réaction d'Olivier Véran, l'actuel ministricule de la Santé et de la Solidarité, pour faire interdire la prescription d'hydroxycloroquine aussitôt la publication mensongère du Lancet ! Qualifiée de « *foireuse* » par Didier Raoult lui-

[30] Morceau d'anthologie : « *On aurait dû tout arrêter, c'était une mascarade* ». Après son échec à la mairie de Paris, l'ex-ministre de la Santé soupire : « *Je me demande ce que je vais faire de ma vie* ». La pauvrette ! « Agnès Buzyn est enfin rentrée chez elle, lundi 16 mars, en milieu d'après-midi. Elle vient de *fermer la porte du QG* de sa campagne parisienne et a posé son sac, seule, « *effondrée* », dit-elle. Elle pleure, et ses larmes n'ont rien à voir avec celles d'émotion et de « *déchirement* » essuyées entre deux sourires lors de la passation de pouvoir au ministère de la santé, il y a un mois. Ce sont des larmes lourdes, de fatigue, d'épuisement, mais aussi de remords » [lemonde.fr 17 mars 20]. Dieu que ces gens, ces geignards, sont à plaindre !

même et « de la merde » aux dires du Dr. Philippe Froguel, professeur au CHU de Lille et à l'Imperial College de Londres… « Je ne suis pas pro-Raoult, mais l'étude publiée par *The Lancet*, c'est une merde » ! Mais que valent ces avis face à nos grands marquis décatis – tous gaullo-gauchistes et trotskistes reconvertis – qui se pavanent dans l'œil de bœuf télévisuel ?

Geignardises et jérémiades, LREM est pathétique

Dans l'art de la guerre, avec une infernale constance, le mensonge éhonté et massif a cru en force et en insolence tout au long du siècle passé, faisant reculer toujours plus loin ses limites… Or cette bulle démesurée, à l'instar de la dette mondiale, finira-t-elle quelque jour par crever ? Le principe d'espérance nous contraint à y croire. Mais les miracles n'interviennent que dans la mesure où nous leur ouvrons le chemin avec une ardeur soutenue. Souvenons-nous de Jeanne la pieuse par qui fut restaurée la royauté divine sur cette bonne terre de France : « *Les gens d'armes batailleront et Dieu donnera la victoire* ». Oui da ! Mais restent-ils en ce pays, et en nombre suffisant, des gens prêts à manier le bâton et la massue afin de bouter le « *Parti de l'étranger* » dehors ? Souhaitons-le parce que, pour l'heure, hormis quelques éveillés, nous descendons deux à deux les degrés de l'escalier menant droit à l'enfer du *Meilleur des mondes* libéral-collectiviste… issu des épousailles incestueuses de la carpe koï et du lapin toxico de Manhattan, oscillant et titubant entre coke et algorithme[31].

1er juin 2020

[31] Voir « Le loup de Wall Street » (2013), film de Martin Scorsese avec Leonardo DiCaprio, sexe, drogue, fric, combines, mensonges et pouvoir. Portrait fidèle et peu reluisant, quasi ethnographique, voire entomologique, d'un prédateur presque ordinaire de la finance débarrassé de tout corset moral.

L'opinion se brise sur le mur invisible des mensonges d'État

Le 8 juin 2020

Le 30 octobre 1938, Orson Welles, acteur, réalisateur, producteur et scénariste américain bien connu, diffusait une mise en scène radiophonique préenregistrée d'après « La guerre des mondes » roman de H.G. Wells publié en 1898. Autrement dit : « *Mars attaque !* »… Le lendemain de l'émission, les journaux évoquent des scènes d'hystérie collective, d'émeutes à travers le territoire des États-Unis et une vague de suicides ! Cette réaction aurait été, dit-on aujourd'hui, largement exagérée pour ne pas dire *inventée* par des gens de presse en mal de ventes et de sensationnalisme. N'oublions pas cependant que réécrire l'histoire est devenu un sport extensivement pratiqué par toutes les grandes démocraties – populaires ou libérales – toujours en proie au démon tentateur de la dérive totalitaire… Cela a commencé avec la Terreur – de l'échafaud à l'hôpital psychiatrique pour tous – et se poursuit à présent avec le *goulag mental* dont les médiacrates dominants sont les gardiens avisés… Tenant le haut du pavé dans nos lucarnes ce sont nos commissaires politiques et idéologiques, prêtraille de la pensée unique, conforme et bienséante.

Ceci d'autant plus que les moyens de communication modernes sont devenus d'extraordinaires instruments pour qui veut redessiner le monde à son image[32]. Ainsi le 9 mai 2020 un rapport interne du service de "protection des infrastructures" du ministère allemand de l'Intérieur, contestant la dangerosité du Covid-19, *fuitait* et parvenait au magazine libéral-conservateur "Tichys Einblick". Le document épinglait l'estimation de la dangerosité du virus, laquelle au final se révélait singulièrement fantaisiste et notamment moins létale que la grippe de 2017/2018. Concluant par une mise en garde contre les conséquences désastreuses, sociales et économiques, des mesures générales de confinement[33].

Reste que, dans l'affaire de « La guerre des mondes », il s'est vraisemblablement agi d'effacer ou de gommer *a posteriori* ce que le montage hertzien de Welles avait mis en exergue, à savoir l'extrême sensibilité (vulnérabilité) des foules à la peur créée puis véhiculée par les nouveaux

---

[32] Au chapitre des mensonges sidérants et meurtriers, pensons à l'effondrement spontané le 11 Septembre 2001 de la Tour N°7 du WTC, ou à la fiole d'anthrax que le Secrétaire d'État américain Colin Powell agita le 5 février 2003 sous le nez d'un Conseil de Sécurité médusé… ou encore aux parfaits alunissages à répétition avec des véhicules aérospatiaux qui tous eurent le bon goût de ne jamais tomber en panne durant les dix années du programme Apollo (1961/1972)… Mais qui hélas ne purent jamais y retourner depuis… Jusqu'à ce que l'on salue comme un exploit indescriptible l'envol le 30 mai 2020 de la fusée SpaceX d'Elon Musk après neuf ans d'absence des É-U dans l'espace extra-atmosphérique uniquement occupé par les Soyouz russes qui eux, n'ont jamais déposé que de modestes robots sur le sol poudreux de Séléné.

[33] Bundesministerium des Innern, für Bau und Heimat [cf.voltaire.org 2 juin 20] – pdf // KM 4 – 51000/29#2 – KM4 Analyse des Krisenmanagements (Kurzfassung)

grands médias – en l'occurrence la TSF – et la facilité avec laquelle l'effroi était alors susceptible de se répandre jusqu'à se transformer en vent de panique. Mieux valait en effet que les applications pratiques des cogitations d'un Edward Bernays (1891-1995), neveu de Sigmund Freud, relatives à ce qu'il a lui-même appelé « *la fabrique du consentement* » ne soient pas divulguées hors de propos. Comprenons bien que la négation de la réalité et la révision du déroulé des faits – préalables à leur réaménagement selon un narratif aussi politiquement correct qu'utile – sont les deux mamelles sèches de l'histoire officielle... Car en ce qui concerne le 30 octobre 1934, les témoignages recueillis à chaud ne laissent guère de doute : certaines personnes rapportent avoir ressenti des signes matériels, tangibles comme l'odeur des gaz utilisés par les Martiens ou la chaleur des rayons mortels émis par leurs armes[34]. Ce qui en dit long sur la suggestibilité des humains, animaux sociaux puissamment grégaires pour certains et le goût immodéré de quelques-uns pour la falsification des faits d'Histoire.

Justice et guerres sans limites

Autre exemple du fonctionnement peu rationnel du psychisme humain... Dans la nuit du 20 au 21 septembre 2001, George Walker Bush déclarait « *une guerre sans limites* » aux ennemis de l'Amérique annonçant la guerre éclair qui allait faire mettre un genou en terre à ces gueux d'Afghans accusés d'avoir abattu les orgueilleux symboles de la super puissance financière mondiale... En fait, c'est

---

[34] Handley Cantril (Princeton University) "*The Invasion from Mars : A Study in the Psychology of Panic*" 1940.

l'expression "*justice sans limites*" qui a été utilisée par le président américain, mais d'opportuns tripatouillages sémantiques vont se multiplier dans la confusion générale. L'Amérique, après les attentats de Manhattan, se trouve plongée dans un profond état de stupeur ; en France Le Monde, journal officieux de la République, titre le 13 septembre : « *Nous sommes tous Américains* » comme plus tard, en janvier 2015, nous serons « Charlie ».

L'onde de choc a parcouru la planète entière avec les images terrifiantes diffusées en boucle de l'écroulement des tours jumelles à la vitesse de la chute libre. Or, dans toutes les oreilles des bipèdes interloqués, résonnaient le chiffre stupéfiant de 20 000 morts… dus aux génies du mal qu'incarnaient à merveille Ben Laden dans sa grotte – une sorte de gourbi et non un formidable complexe digne des Fu Manchu et autres Spectres de Ian Fleming – et Mollah Omar, le borgne, en fuite sur sa mobylette. Ce total extravaguant de 20 000 victimes poursuivit sa carrière au cours des mois suivants avant de se dissoudre dans les sables mouvants de l'inconstante mémoire des foules et des gens de presse. Qui d'ailleurs s'en souvient ? Un bilan qui sera à l'arrivée arrêté à 2977 morts pour l'ensemble des attentats, Pentagone compris. Mais impossible maintenant de retrouver trace du décompte, et surtout pas sur la Toile nettoyée et astiquée quotidiennement par les *techniciens de surface* du consortium des GAFAM[35] ?

Le dernier épisode en date de manipulation globale, la pandémie de Covid-19, dont l'Afrique noire – quoique

[35] GAFAM pour Google/Apple/Facebook/Amazon/Microsoft

continent réputé sous-développé en matière d'infrastructures sanitaires – est sortie indemne, illustre à merveille l'idée que dans les pays administrés par des technocraties, les opinions publiques n'ont plus de rapport tangible à la réalité qu'à travers la vitre déformantes des écrans médiatiques. Au sens précis du terme, leur rapport au monde est médiatisé (médié) et les images qui s'affichent dans les lucarnes électroniques acquièrent plus de réalité que la réalité elle-même. Le mythe platonicien de la caverne n'aura jamais possédé autant d'actualité et de vigueur que depuis ce fameux 30 octobre 1938. On comprend à ce titre que les pouvoirs soient tentés d'user de l'extrême perméabilité des esprits pour les manier à leur guise et en tant que de besoin… Le 11/9, nouveau Pearl Harbor, a légitimé et autorisé un chapelet de guerres loin encore d'être achevées au prix de millions de morts… Afghanistan, Irak, Syrie, Libye et cætera. Le Covid justifie l'enfermement volontaire des masses, leur contrôle policier et l'inoculation obligée des substances – pour le coup – vénéneuses. L'homme définitivement domestiqué, à l'instar de ses animaux familiers, ne pourra plus franchir les frontières sans son passeport sanitaire.

Guerre globale contre les Nations

Citons un article récent du discret "Jeune-Nation" : *Covid : stratégie du choc et chant du cygne du Nouvel Ordre Mondial*, 5 juin 2020… Résumé : « Avec la pandémie, la Silicon Valley prend ouvertement le relai des États-nations dans des domaines aussi stratégiques que les questions de santé et de surveillance des populations, disposant, et elle seule, d'une force de frappe avec son monopole de la communication numérique à échelle planétaire. Elle colonise actuellement les instances de commandement du monde occidental d'après-guerre : ONU et autres organismes internationaux ou les ONG altermondialistes de la pieuvre Soros, tous concourant et aspirant à la cogestion de la *Gouvernance mondiale* ; OTAN ; marchés financiers, institutions européennes, Partis politiques, médias, mafias en tous genres nourrissant d'argent noir l'économie visible. Microsoft possède un bureau à l'ONU, Bill Gates dirige *de facto* l'OMS et le royaume pourri du Danemark nomme un ambassadeur auprès des GAFAM.

À six mois de la prochaine élection présidentielle américaine, le coronavirus est devenu l'alibi idéal pour renforcer le contrôle idéologique de l'information : Twitter censure la parole du Président des États-Unis parce que ses tweets relatifs au virus enfreignent, selon la formule consacrée, les « *règles de la communauté* »… Mais de quelle communauté s'agit-il ? Au même moment, Facebook met 130 millions de dollars sur la table pour créer sa propre « *Cour suprême* » composée de politiciens progressistes (*liberal* en anglo-américain) à la retraite, épaulés par des universitaires et des journalistes de gauche (pléonasme), soit un conseil de surveillance habilité à exercer une censure souveraine sur les messages non conformes à leurs choix partisans. Cynique et lucide à la fois, la communautariste Susan Wojcicki, directrice générale YouTube (une filiale de Google), admet que sa politique d'étroite surveillance des contenus rebute les usagers, mais elle n'en a cure eu égard à la position dominante de sa « *chaîne* » ! Le projet avoué de tout ce beau monde : l'identification biométrique ou marquage du bétail humain… autrement dit les *bœufs masqués* ! Cela associé à des campagnes de vaccinations rendues obligatoires[36] en raison d'un risque pandémique

[36] Depuis 2018 un rapport de l'UE prévoit un plan d'action pour un « passeport de vaccination ». Une véritable et suspecte obsession du vaccin obligatoire… Rappelons qu'à peine nommée au ministère, Mme

toujours présent ou prêt à ressurgir à chaque virage saisonnier. L'illuminé Bill Gates, fondateur de Microsoft, finance la mise au point de *tatouages à points quantiques* permettant à la fois de vacciner et d'identifier les vaccinés (voir l'*initiative* ID2020 visant à imposer l'identification biométrique). La suppression de l'argent liquide est également à l'ordre du jour ce qui permettrait le pistage intégral des contribuables astreints ou réduits aux seules transactions électroniques.

Et pour parachever l'ensemble et afin d'accompagner la censure numérique nous assistons au développement d'un système généralisé de *fact-checking* – dénonciation et correction en temps réel et sur mesure – prémices d'un Ministère de la Vérité universelle. Les algorithmes ouvertement biaisés de Google et les armées de *fact-checkers* de YouTube, Twitter et Facebook font et feront remonter les "vérités" utiles ou opportunes… et disparaître les opinions dérangeantes ou indésirables. Facebook émet déjà des « *avertissements* » aux utilisateurs imprudents qui ont aimé ou cliqué sur « désinformation coronavirus » ; YouTube supprime les vidéos mettant en cause l'OMS. Bref, les algorithmes de la Silicon Valley aspirent au contrôle de notre *carte cognitive* et mentale » [AstolpheJN]… et apparemment ils y parviennent sans trop de peine !

Buzyn a rendu obligatoire un cocktail de 11 vaccins pour les nouveaux nés français.

Le scandale planétaire de la revue "The Lancet"

Trois des quatre auteurs de l'article objet du scandale – son maître d'œuvre Mandeep Mehra[37], Amit N. Patel et Franck Ruschitzka – n'ont pas traîné devant la levée de bouclier suscitée par leurs analyses « *foireuses* » réalisées par des « *pieds nickelés* » selon le professeur Didier Raoult (vidéo mise en ligne le 2 juin et qui a autorité pour les qualifier en ces termes) pour se rétracter. La télévision publique hexagonale, tout aussi *foireuse* qualifie ces méthodes inqualifiables d'*erreurs… « Ils se sont trompés ! »*. Sous-entendu, sans doute de bonne foi ? [cf.francetvinfo.fr3mai20]. Pratiques fâcheuses, très regrettables mêmes et singulièrement inexcusables tant le trucage est patent. Les auteurs « *accusent* » l'entreprise chargée de collecter les données, *Surgisphere Corporation*, laquelle refuserait à présent de leur donner un libre accès à l'intégralité des sources utiles à de plus amples vérifications. Que ne s'en sont-ils préoccupés avant ? Avant les décisions politiques (à nouveau inversées depuis) de l'OMS et du ministre Olivier Véran d'interdire aussitôt après la publication de leur article, les tests et l'utilisation de l'hydroxychloroquine. La précipitation du ministre de la

[37] Petah-Tikva, Israël 16 juillet 2019. Levitecus Cardio annonce la nomination du professeur Mandeep R. Mehra à son conseil consultatif scientifique. Si les laboratoires israéliens sont intervenus pour discréditer à tout prix le travail de cet hurluberlu de Raoult (lequel soigne et guérit sans chichi ni blabla et à moindre frais), c'est bien évidemment en raison des gigantesques enjeux financiers liés à la mise sur le marché du vaccin miracle. Ce pourquoi Américains et Hébreux ont soufflé via l'OMS et l'Imperial College de Londres, un vent de panique planétaire, 7 milliards d'humains à vacciner valent bien ça, non ?

santé est aussi désolante que coupable sachant que, si le protocole de Didier Raoult avait été reconnu plus tôt et non âprement combattu, nous aurions certainement à déplorer beaucoup moins de morts.

Le faisan en chef

Mandeep R. Mehra membre du conseil consultatif scientifique de Leviticus Cardio. Les titres ronflants ne lui manquent pas avant de passer à l'épidémiologie bidon : directeur du Heart and Vascular Center et du Collaborative Center for Advanced Heart Disease du Brigham and Women's Hospital de Boston, Massachusetts.

Le 2 juin, l'ex prestigieuse revue médicale *The Lancet* – que restera-t-il de ce *prestige* à la fin de la tourmente… lui survivra-t-elle ? – prenait ses distances avec l'étude[38]

---

[38] L'étude en cause ayant conclu que ce traitement n'était pas bénéfique aux malades et même éventuellement néfaste a déterminé un peu partout dans le monde développé, l'interruption des essais cliniques sur l'hydroxychloroquine. Publiée le 22 mai dans *The Lancet*, elle se fonde sur les données de 96 000 patients hospitalisés entre décembre et avril dans 671 hôpitaux de quatre continents. Immédiatement de nombreux

dénigrant gravement le protocole du Dr. Raoult (utilisé dans le traitement précoce du SRAS-CoV-2)... publication qui en principe avait été soumis à son comité de lecture avant d'être imprimée. *The Lancet* souhaitait « alerter ses lecteurs – par le truchement d'une "*expression of concern*" – sur le fait que de sérieuses questions scientifiques ont été portées à [son] attention »... Un dernier mot relatif à Surgisphere, société ayant abondé l'étude du *Pr.* Mehra... Surgisphere possède plusieurs adresses ou boîtes aux lettres et ne compte pas plus de cinq salariés... et très peu d'activité jusqu'à mars 2020 sur son site internet jusqu'à la publication de leur fracassante étude en forme de faux-pas monumental pour *BigPharma*.

Le faisan et la prostituée

Créée le 1er mars 2007 par le Dr. Sapan Desai (l'un des co-auteurs de l'étude du *Pr.* Mehra), la société se dit spécialisée dans le *big data* et l'utilisation de l'*intelligence artificielle* dans l'analyse de données. Une autre société au nom de Sapan Desai, Surgisphere Corporation avait déjà été créée le 28 juin 2012 puis dissoute en janvier 2016 [Geopolintel/3juin20]. Personnage folklorique, Ariane Anderson est directrice des ventes de Surgisphere, elle vient des milieux de la prostitution mondaine et de l'industrie pornographique (photos publiques à l'appui). Un détail éclairant quant au contexte de l'article de *The Lancet*

---

chercheurs ont exprimé leur scepticisme, y compris des scientifiques opposés à l'usage de l'hydroxychloroquine : dans une lettre ouverte datée du 28 mai, des dizaines de scientifiques dénoncent l'article de *The Lancet* pour les *« inquiétudes liées à la méthodologie* [qu'il soulève] *et [quant] à l'intégrité des données".*

commandés par *on ne sait qui* (mais on devine pourquoi) en vue démolir les travaux d'un médecin de province mais internationalement reconnu, qui avait l'immense tort de soigner et guérir ses malades autant que faire se peut ! Faut-il encore insister sur l'amateurisme et l'incompétence du ministre de la Santé – ne vaudrait-il pas mieux parler de stupidité bornée, voire plus ? – lequel a démarré *au quart de tour*, en toute hâte, sans le moindre recul face à une étude *bidon*, truquée de A à Z ?

Ce sont donc, désormais, les ex *escort-girls* qui dirigent le monde médical ?

L'internationale de la subversion mondialiste et transhumaniste est à la manœuvre… pour ce faire elle s'appuie sur toutes les pègres transgressives

Le 8 juin2020

De la lutte des classes à la guerre raciale

15 juin 2020

La France atteinte du syndrome de Stockholm

Notre malheureux pays plaqué au sol, à demi asphyxié, le genou de l'État lui écrasant la nuque, s'ébroue et se relève, les yeux bordés de reconnaissance à l'égard de celui qui enfin le soulage…Mister Macron *himself !* Et puis, nous voici rassurés, la statue de Colbert ne sera pas déboulonnée avant d'être jetée à la Seine, en tout cas pas cette fois… mais peut-être la prochaine ? N'est-ce pas l'ancien et particulièrement terne Premier ministre, Jean-Marc Ayrault, président de la Fondation pour la mémoire de l'esclavage, qui prétend débaptiser la salle Colbert de l'Assemblée nationale ? Plus *indigéniste* que ce porte-parole officieux de la classe dirigeante hexagonale, *on meurt*. Cela surtout en dit long sur les dispositions d'esprit des soi-disant élites à l'égard de notre héritage politique… Alors faut-il vraiment croire le président Macron lorsqu'il nous passe de la pommade et la main sur le bas des reins ? Avec des individus de cet acabit, il faut toujours inverser la proposition, comprendre le contraire de ce qu'ils disent pour nous endormir… Car tel le syndrome de Stockholm dans toute sa splendeur. Pathologie mentale circonstancielle suivant laquelle le *confiné* voue un amour irrépressible à M. Macron, son geôlier d'hier, d'aujourd'hui et peut-être encore de demain dans une France otage de la mondialisation.

Ainsi va le monde tandis que les « *Manifestations contre la violence policière, la violence sociale et la violence raciale* » se succèdent et se ressemblent sur fond de véhicules incendiés et de vitrine brisées... Avec pour dénominateur commun, la haine des forces de l'ordre (qui ne sont pas toujours *blanc-bleu,* en témoigne la brutale répression des défilés de Gilets Jaunes), et à travers elles, la haine de l'ordre tout court, de la France et des Français. Cependant, laissons la République de côté puisque les émeutiers en sont les enfants chéris, promus par la grâce de la *discrimination positive*, à tous les échelons, grands et petits, de l'appareil d'État. Nous en sentons déjà les effets : le céfran n'a qu'à filer doux, *écraser*, raser les murs... surtout dans les cours de justice où les uns bénéficient de l'indulgence plénière (Traoré, ce saint innocent, trainait comme autant de titres de gloire une quinzaine de chefs d'inculpation) et où les autres – le quidam lambda – s'exposent à une stricte sévérité. Il est vrai que les rigueurs de la loi ne s'appliquent – presque exclusivement – qu'à ceux qui la respectent !

Assa Traoré – que l'ancienne garde des Sceaux, Christiane Taubira, vient délicieusement de désigner comme une vraie « *chance pour la France* » – ci-devant présidente du Comité « Justice pour Adama », est la sœur d'un " *jeune homme*" – dixit la presse – « *assassiné* », c'est-à-dire tué avec préméditation, en juillet 2016 par la gendarmerie de Persan dans le Val d'Oise. Première remarque, le gentil jeune homme en question, Adama Traoré, était un multirécidiviste (viol, vol, violence, narcotrafic) fuyant les représentants de l'ordre qui tentaient de l'interpeller. On pourrait dire dans ces circonstances, que sa mort a été *accidentelle*, en l'occurrence un accident de parcours participant des *risques du métier* auxquels s'expose tout individu au comportement aventureux. La délinquance n'est-elle un sport un peu *extrême* ?

Mais en France nos délinquants sont des petits bourgeois dégoulinants de droits qui à ce titre n'entendent courir aucun danger dans l'exercice de leur coupable industrie. Il est vrai qu'en raison d'une grille de lecture néo-marxiste, les criminels sont par essence des "victimes" : celles de la police raciste et fasciste (idem lorsque les policiers sont eux-mêmes gens de couleur) ; de la société, la lutte des classes se croisant alors avec la guerre des races (qui n'existent pas, le mot ayant été retiré de la Constitution par la Chambre le 12 juillet 2018), et accessoirement se combinant harmonieusement avec la sourde lutte de longue haleine opposant l'altérité (sexe *fort* contre sexe dit *faible*) et le large spectre chromatique de la diversité transsexuelle.

"Je serais prêt à mettre un genou à terre" dixit le ministre Castaner

Interrogé le 9 juin quant aux manifestations organisées contre le "racisme" à travers le monde, le ministre de l'Intérieur se déclarait prêt à humilier la France, *genou en terre* en signe de contrition à l'égard des racailles malmenées ! Quand il était question, l'an passé d'yeux crevés et de mains arrachées par certains chiens de garde du régime, M. Castaner était moins repentant et beaucoup plus arrogant. Pour sa part, notre brillante ministre de la Justice à la crinière de feu, dame Belloubet, après s'être évertuée à supprimer le crime en vidant les prisons (dix à treize mille voyous élargis ou exonérés de peine à l'occasion de la crise sanitaire, les *distances sociales* s'imposant aussi en milieu carcéral[39]), avait cru bon d'inviter place Vendôme ladite Assa Traoré pour tailler avec elle *un petit bout de bavette.* Que nenni, l'ardente jouvencelle déclina avec dédain l'offre de venir s'essuyer les pieds sur le paillasson institutionnel… l'Élysée sinon rien !

Parce que certes, là où l'émotion passe, le droit trépasse et avec lui, toutes les règles et les normes juridiques. Le ministre de l'Intérieur, le sieur Castaner, nous avait prévenu : « *l'émotion mondiale dépasse au fond les règles juridiques qui s'appliquent* ». Une nouvelle fleur rare de rhétorique sortie de la même fosse à purin que *les opinions qui n'en sont pas* pour la bonne raison qu'elles seraient des délits ! On attend que les grands dissidents de la pensée, les Onfray, les Zemmour & Cie se penchassent sur ces anomalies enkystées dans notre droit et profitent des circonstances présentes pour dénoncer l'instauration subreptice de crimes orwelliens contre la pensée et l'imparable diktat de l'*émotion.* Bref, le progrès (soit le processus) de décomposition ne fait jamais de pause dans sa rage à démolir pierre à pierre l'édifice civilisationnel. Après tout ce fut *moins une* que Notre-Dame de Paris,

[39] Commission des lois de l'Assemblée nationale le 15 avril 2010 selon le directeur de l'administration pénitentiaire « La diminution constatée au 13 avril est de 9923 détenus depuis le 16 mars ». Mme Belloubet, Garde des Sceaux, justifia cette mesure afin d'endiguer la propagation du virus dans les prisons après de plusieurs mutineries ayant pour cause la suspension des parloirs. Le taux de surpopulation carcérale serait de 103%, avec 62 650 détenus au 15 avril, contre 119% et 72 400 prisonniers au 1er mars. La surpopulation carcérale n'aura donc pas été résolue par la construction de nouvelles prisons comme promis en 2018, mais via le Covid-19… sachant qu'en France les primo délinquants ne sont jamais incarcérés.

mutilée et outragée, ne devînt en 1793 une carrière à ciel ouvert…

Alors, quand de votre côté vous serez pris d'une frénésie d'incendie ou de pillage, n'oubliez pas de préciser avoir agi sous le coup de l'*émotion*. Comme d'autres – également victimes – trouvent une excuse valable à leurs forfaits (ou bien comme circonstance atténuante à leur irresponsabilité) en excipant de leur éthylisme ou de leur toxicomanie ! Sinon le combat préventif de l'*émotion* se déploie généralement contre tout ce qui la suscite de façon odieuse et intempestive : aux États-Unis des services de police s'auto-dissolvent, leurs chefs démissionnent en rafale (comme le 13 juin à Atlanta, suite au décès d'une nouvelle victime afro-américaine de la *violence policière*), l'autorité légale fait son grand *mea culpa*… En France, régulièrement si ce n'est systématiquement, sont interdits les rassemblements dont la seule tenue pourrait heurter telle idolâtrie mémorielle ou tel communautarisme à fleur de peau : on a vu en mars 2019 « Les suppliantes » d'Eschyle interdites à la Sorbonne par de supposés antiracistes, au même titre que furent annulés et préfectoralement proscrits les spectacles de tel humoriste (dont il convient de taire le nom tant il est honni par tout ce que la France macronienne compte de bienpensance). Paradoxalement ce sont ceux qui menacent de troubler l'ordre public qui ont gain de cause et, par un renversement spectaculaire mais désormais habituel, ce sont les fauteurs de troubles qui en imposant leurs haines et leurs ostracismes transforment leurs victimes en coupables.

En un mot, l'*émotion* (le droit absolu à s'émouvoir et à ne surtout pas supporter l'altérité ou la différence) prime et devient un argument définitif pour donner droit à toutes les revendications exorbitantes du droit commun qu'exprime telle communauté ou telle minorité médiatiquement surpuissante. Et l'on vient à nous seriner qu'il n'y a pas de conspiration. Mais que diable, les médias conspirent comme ils respirent… pour nous abrutir et donner du monde une lecture biaisée, falsifiée, déformée ! Assa Traoré n'est-elle pas sublimée, héroïsée au point d'être présentée comme une « *Antigone racisée* »… rien de moins ! En un mot, la seule et unique vocation des médias : changer la perception de la réalité, changer les schèmes de lecture, inoculer de corrosifs idéovirus, modifier la représentation des choses… Faire du pathologique la normalité exclusive, décréter belles toutes les hideurs et erreurs toutes les vérités les plus manifestes. Et le pire est que ça marche ! Damer le terrain psychique jusqu'à ce qu'une majorité soit devenue psychologiquement imperméable à la matérialité des faits… M. Macron n'est-il pas crédité – à l'encontre du sens commun le plus élémentaire – d'une majorité d'opinions favorables quant à sa gestion de la crise sanitaire ? Et pourtant[40] !

---

[40] Le communiqué du 2 juin du Conseil scientifique présidentiel se décerne un satisfecit affirmant que « *la période du confinement a permis de ralentir la dynamique de l'épidémie de façon marquée* » et en outre tente au moyen de scénarios improbables (issus de modélisations erronées) de faire perdurer la peur [menace d'une seconde vague] paralysant encore les populations et les empêchant de défendre leurs libertés. Or l'utilisation des analyses de rupture de tendance aurait permis de constater que le confinement aveugle et policier à la française n'a pas été suivi par le moindre ralentissement des contaminations, et ceci dans aucun des pays qui l'a pratiqué, la baisse des contaminations n'ayant été observée que plus tard (5 semaines) et de la même manière dans les pays confinés ou non… Dr Gérard Delépine [francesoir.fr 5 juin 20].

Ce qui est ainsi interdit au citoyen de base, le droit de librement vaquer à ses occupations et à se rassembler le cas échéant, est licite pour la canaille. Et que l'on ne vienne pas nous dire que les vingt mille individus concentrés à la porte de Clichy sous la tour du palais de Justice, ont été une surprise pour les services de la Sécurité intérieure étant donné qu'assurément il faut plusieurs mois de préparation pour réussir une "coup" pareil. Alors de quelles complicités intérieures ses organisateurs ont-ils bénéficié ? Connivence du silence et du laisser faire ?

Les Traoré, une famille enracinée dans la délinquance

Revenons un peu, à la famille de délinquants agitateurs que sont les Traoré : dix-sept enfants, nés de quatre mères différentes. Adama le « *jeune disparu* » comptait à son actif dix-sept procédures pour viol, vols, trafic de stupéfiants. Yacouba Traoré : trois ans fermes pour l'incendie d'un autobus et violences physiques, dix-huit mois fermes pour avoir passé à tabac un témoin ayant porté plainte contre Adama ; Samba Traoré : quatre ans fermes pour violences avec arme ; Serene Traoré : quatre mois ferme pour outrage, intimidations, menaces et insultes sur personne dépositaire de l'autorité publique ; Bagui Traoré : trente mois fermes pour extorsion sur personnes vulnérables, tentative d'assassinat sur personne dépositaire de l'autorité publique ; Youssouf Traoré : six mois fermes pour trafic de drogue. Assa la sainte, seulement quatre petites plaintes pour diffamation et appel à des manifestations interdites… !

Maintenant les Traoré sont des Maliens. Sans doute nantis de la double nationalité comme nombre des 50 000 autres natifs du Mali présents sur le sol national. Mais que font tous ces gens pendant que notre armée sue sang et eau chez eux pour freiner l'expansion d'Al Qaïda et de l'État islamique ? Pourquoi ne sont-ils pas renvoyés d'où ils viennent et placés sous leur drapeau pour combattre les djihadistes ? Sommes-nous chargés de maintenir *gratis pro Deo* l'ordre et la paix chez eux pendant qu'ici ils nous insultent et vilipendent nos forces de police ? Sont-ce également les criminels et les délinquants qui sont appelés à donner la mesure du droit et de la morale ? Allez ouste, du balai rentrez chez vous si ce pays ne vous convient pas. Si notre racisme est « *systémique* », c'est-à-dire que l'on ne vous en donne jamais assez, que nos tribunaux ne sont pas assez indulgents à votre égard, dégagez !

Ah c'est vrai j'oubliais : vous n'êtes pas naturellement délinquants, vous êtes naturellement bons et nobles, c'est notre indécrottable racisme qui vous pousse au crime. C'est bien parce que vous en êtes victimes, parce que la société blanche, celle des vieux *babtous* [toubas en verlan] vous poussent à la faute et si vous violez, c'est parce que les jupes des filles sont trop courtes... Non ? Mais puisque la France vous est si odieuse qu'y faites-vous encore ? Décampez retournez dans vos douars et cessez de percevoir les grasses allocations dont la vache à lait républicaine vous abreuve jusqu'à plus soif.

Au demeurant le "Comité » Traoré n'a décidément plus peur de rien (encore une fois, il s'agirait de connaître de quels soutiens, encouragements et financements il dispose) et pousse l'outrecuidance et le *vice* – vertu cardinale dans nos banlieues[41] – jusqu'à exiger que tous « *les gendarmes et policiers* [suivant l'intention affichée du "premier flic"

[41] Cf. « La caillera » Anne Guidicelli 1991.

de France – voir supra] *mettent un genou à terre, le poing levé* » ! Pour un peu ils nous jetteraient à la mer. Nous avons été chassés d'Algérie, les paysans afrikaners fuient quand ils le peuvent et ne restent sur les terres qu'ils ont fécondées durant quatre siècles, qu'au risque d'être massacrés par les fanatiques racio-marxistes qui se sont emparés du pouvoir à Pretoria suite à l'écrasante défaite mentale et morale des blancs… Néanmoins plus le balancier va loin et plus le choc en retour risque d'être fracassant ! Mais pourquoi se gêner ? La France n'est-elle pas déjà à terre, en proie à une crise d'épilepsie ethnomasochiste ? Cette psychopathologie nous la voyions venir depuis longtemps, les symptômes alarmants se multiplient que déjà Jean Raspail dénonçait avec talent il y a un demi-siècle, en 1973, depuis les choses ont pris un tour définitivement tragique… On a vu – tout un symbole – le Pape baisant les pieds de délinquants[42] – Christ avait Lui, lavé les pieds de ses disciples au soir de la Cène, rien de comparable – annonçant les policiers allant baiser les godasses de très satisfaits membres de la communauté noire américaine… L'honnête Google a déjà fait disparaître les images de ces scènes désolantes !

---

[42] Le18 avril 2019, trois jours avant Pâques, Jorge Mario Bergoglio s'est rendu dans la prison de Velletri à une quarantaine de km du Vatican pour y célébrer l'office du Jeudi Saint et y reproduire – en les pervertissant parce qu'humilité n'est pas fétichisme – les gestes de lavement et de baisement des pieds de douze détenus de droit commun. Peu auparavant le 13 avril, le "pape François" embrassait les pieds du président de la République du Soudan du Sud, Salva Kiir et ceux du chef rebelle Riek Machar, personnages sanguinaires appelés à gouverner ensemble. Pauvre Église !

Le cas George Floyd

Les États-Unis viennent de passer presque sans transition du confinement sanitaire à un fuligineux mouvement de contestation de violences policières montées en épingle pour la bonne cause [voir *infra*] et dirigées contre les *american negroes* (noirs américains, le terme péjoratif étant *niggers*) après la mort le 25 Mai 2020 à Minneapolis de George Floyd sous le genou d'un policier blanc, réaction qui tend, dans le contexte des élections présidentielles à venir cet automne (le 3 novembre), à remettre en cause tout ou partie du système institutionnel américain afin de corriger (!) les inégalités structurelles supposées qu'il comporterait… « *L'émotion qui a envahi l'Amérique en pleine période électorale ressort d'un mélange pathologique d'Histoire mal digérée et de christianisme masochiste* » [Christian Vanneste 14 juin 20]. Et c'est bien de cela dont il s'agit et plus encore, si l'on creuse un peu et que l'on recherche les forces à l'œuvre au sein du mouvement « Black Lives Matter » (*la vie des noirs compte*).

Soyons en effet assurés que les événements qui embrasent le monde occidental ne sont pas le produit d'un pur hasard ni une simple réaction à la grande peur du Covid. Car la Gauche américaine, en l'espèce le camp Démocrate et quelques transfuges Républicains, font tout leur possible – eux aussi – pour mettre le pays *à genoux* et en faire porter la responsabilité au président Trump. Ainsi Muriel Elizabeth Bowser, maire démocrate de Washington DC, met un peu d'huile sur le feu en s'opposant à l'intervention de la Garde nationale pour combattre et contenir les émeutiers, laissant de cette façon s'étendre l'incendie de la contestation. Bel exemple de l'insane gauchissement des esprits (véritable cancer de l'âme rongeant les sociétés développées), des institutions et d'une partie significative l'*establishment* politique américain. Et ce, afin d'arracher l'Amérique des mains d'un homme annonçant vouloir juguler l'État profond. Dans ce but, tous les moyens sont bons (thèse que développe en substance le *Washington Times*, organe ultra-conservateur fondé par l'oligarchie sud-coréenne), entre autres, prêcher l'émeute en attisant le ressentiment racial des noirs qui pourtant n'ont jamais connu – avant la présidence Trump – un taux de chômage aussi bas. Rien de surprenant à cela : une vieille tradition depuis que Jacob Schiff finança en 1917 la révolution bolchévique par le truchement de Trotski (quoiqu'en dise aujourd'hui l'organe révisionniste de désinformation en ligne, Wikipédia).

Passons brièvement en revue le passé criminel du bon Georges Floyd… Celui-ci, la victime présumée d'un *bad cop* (méchant flic) raciste blanc, et son meurtrier, étaient tous deux videurs de boîte de nuit… dans le même établissement. Sur ce glauque aspect des choses la presse ne s'étend guère. Et pour cause ! Floyd est, à l'instar d'un Traoré, un délinquant multirécidiviste… Court extrait du brillant palmarès de ce nouveau martyr de l'injustice raciale : 1997 drogue ; 1998 vol et drogue ; 1999 effraction ; 2002 violences et détention de cocaïne 30 jours de prison + 240 jours de prison ; 2003 effraction ; 2004 vol ; 2005 narcotiques encore 300 jours de prison ; 2007 vol à main armée, effraction, agression… et aussi, doux euphémisme, « *star de cinéma pour adultes* », autrement dit acteur porno de bas étage.

Or çà, *voilà t'y pas* que la Toile bruisse de rumeurs suivant lesquels Floyd aurait eu des relations très amicales avec la petite amie de Derek Chauvin, le bien nommé. Alors ? Un règlement de comptes entre voyous ? Pourquoi pas, mais aussitôt formidablement exploité par toutes les forces malveillantes qui ont opéré leur *convergence* pour faire tomber le président Trump… et plus si affinités ! Derrière la radicalisation de la contestation soi-disant anti-racialiste – qui aura déjà coûté quelque dix milliards de dollars en dégâts aux villes américaines, ceci en dépit de l'inculpation de Chauvin arrêté à Minneapolis pour meurtre au 3ème degré et homicide involontaire – l'on voit bien que les forces mondialistes de Manhattan et transhumanistes de la Silicon Valley ont uni leurs forces pour remettre les États-Unis sur le droit chemin de la mondialisation LGBTQ+ aux vives couleurs de l'arc-en-ciel.

On a les héros que l'on se choisit ! Drogué, videur de boîte de nuit et acteur porno, un vrai prince charmant.

Meghan Markle, épouse métisse du prince Harry et duchesse de Sussex, pleurniche sur le destin tragique du dévoyé George Floyd… Grâce au ciel nos aristocrates eurent davantage de dignité face au couteau de la Veuve.

Black Lives Matter et *Democracy Alliance* bras armés de la subversion

Cette dernière organisation a été fondée en 2005 par Rob Stein ancien chef de cabinet du bureau de l'Administration Clinton/Gore de 1992 à 1993. Elle est soutenue par une brochette de philanthropes de la plus belle eau, George Soros, Peter B. Lewis, Tim Gill, Tom Steye… *Democraty Alliance* présente sur son catalogue une gamme étendue d'idéovirus progressistes dans les domaines politique et éthique, apportant son soutien actif à d'innombrables ONG parmi lesquelles… *Black Lives Matter* créée en 2013. Parmi les nombreux donateurs, on relève le nom de Jonathan Soros – tel père tel fils – œuvrant en prolongement de l'*Open Society Foundations de son père George*, et promotrice d'un corpus de *valeurs* méta-libérales relatives à la politique, les mœurs, les droits des minorités raciales ou sexuelle au sein d'un monde sans frontières…

Noirs aux États-Unis
12% de la pop. totale
33% de la pop. carcérale

Blancs aux États-Unis
63% de la pop. totale
30% de la pop. carcérale

La faute au racisme systémique des suprématistes blancs

Le *Washington Times* rapportait en janvier 2015 que George Soros avait versé 33 millions de dollars à plusieurs groupes militants noirs après le meurtre d'un membre de leur communauté par un policier blanc à Ferguson dans le Missouri. Comme le rapporte ce quotidien très politiquement correct (qui constitua le bréviaire de George

W. Bush) : « *Les organisations parrainées par Soros ont aidé à mobiliser les protestataires de la ville de Ferguson, en créant des coalitions de base sur le terrain, soutenues par une campagne nationale en ligne et dans les media sociaux.* Le *hashtag #BlackLivesMatter* a été pour sa part développé dans le contexte du meurtre de Trayvon Martin en février 2012 par les militantes féministes Kassandra Frederique et Opal Tometi. Frederique est également la responsable politique de la *Drug Policy Alliance*, une organisation fondée par George Soros lui-même, et en reçoit quatre millions de dollars de subsides annuels. Opal Tometi pour sa part dirige la *Black Alliance for Just Immigration*, un groupe que George Soros en 2011 a abondé à hauteur de 100 000 dollars

Enfin l'une des organisations de Soros, la *Fondation Gamaliel* (du nom du célèbre talmudiste Gamaliel l'Ancien actif au cours du 1er siècle après JC) a financé les manifestations à Ferguson à travers un réseau d'organisations de terrain, interreligieuses et interraciales, *zadistes* avant la lettre. Barack Obama a commencé sa carrière en tant qu'organisateur communautaire dans une filiale de *Gamaliel* à Chicago suivant les préceptes du théoricien zadiste Saul Alinski grand praticien de l'action subversive à partir des bases locales… ceci à l'instar de ce que fut l'homme de terrain Lénine par rapport à l'intellocrate Karl Marx. Enfin un autre des fils de Soros, Alex, est le généreux soutien financier d'une association promouvant la justice sociale, les droits pour la cause LGBTQ+ ou la lutte contre les discriminations raciales : *Bend the Arc*. On note également dans la liste des donateurs un certain Paul Egerman qui est aussi le trésorier de *Democraty Alliance*. De son côté la Fondation Ford, l'une des fondations privées parmi les plus actives du monde occidental, annonçait en 2016, quelques mois après la tuerie de Dallas et les grandes manifestations de juillet, l'octroi de cent millions de dollars sur six ans à plusieurs associations du mouvement *Black Lives Matter*. La messe est dite et nous pouvons maintenant recommander l'âme du misérable George Floyd au diable et à ses associés de l'*État profond*[43].

15 juin 2020

[43] Dans « *La Guerre froide culturelle : la CIA et le monde des arts et lettres* » l'historien anglais Frances Stonor Sanders décrit comment les Fondations Ford et Rockefeller ont été/sont « *les instruments conscients de la politique américaine secrète... étroitement liés aux Services de renseignements américains* ». En ce sens, un don de cent millions de dollars montre qu'un puissant segment de la classe dirigeante s'est rallié aux objectifs de *Black Lives Matter* et que cette source de financement allait accroître la montée en puissance *cette organisation dès lors* agrégée toujours plus étroitement aux réseaux du Parti Démocrate et des grands médias. Dans le contexte d'une confrontation entre Trump et l'État profond américain *Black Lives Matter* est ainsi l'un des instruments de l'oligarchie judéo-protestante utile à déstabiliser D. Trump, même au prix du chaos social aux États-Unis.

La guerre raciale énième épisode de la lutte des classes

22 juin 2020

Dans la nuit 23 juin 1983 des explosions dévastaient les locaux d'Air France aux Invalides et au Palais des congrès, mais plus symboliquement, l'une d'entre elles détruisait à l'orée du bois de Vincennes, le monument commémorant la mission d'exploration transafricaine (1897/1898) du capitaine Jean-Baptiste Marchand. Composée de 14 militaires français et de 152 tirailleurs sénégalais, la mission partie du Congo s'achevait le 10 juillet 1898 sur le Nil, à Fachoda. Elle se trouva alors confrontée le 19 septembre 1898 aux forces très supérieures du général Kitchener qui venait de remporter la bataille d'Omdurman. Ce dernier s'empressa d'encercler les Français dès lors pris dans la nasse. Une crise internationale s'ensuit. Nommé chef de bataillon le 1er octobre, Marchand reçoit finalement l'ordre d'évacuer la place en janvier et se replie sur Djibouti où il arrive en mai 1899. En dépit de la trahison des politiques (comme plus tard à Diên Biên Phu), l'épisode restera glorieux pour l'armée et marquera les mémoires jusqu'à ce jour.

Ignoble bas-relief sur lequel on voit un blanc presque agenouillé devant un noir… pour le soigner !

Sur la droite du monument érigé à partir de 1934, se dressait la statue du commandant Marchand qui sera plastiquée en 1983 par des militants anticolonialistes et indépendantistes. Situé avenue Daumesnil, face à la somptueuse façade de l'ancien musée des Colonies, devenu successivement musée de la France d'outre-mer, puis musée des Arts océaniens et africains avant d'être transformé en musée de l'Immigration, le monument s'étirait sur une longueur d'une dizaine de mètres et comportait les représentations en bas-reliefs et à part égales, de six soldats français et de six tirailleurs sénégalais. L'attentat sera aussitôt revendiqué par l'Alliance révolutionnaire caraïbe (ARC) qui venait le 29 mai précédent de perpétrer dix-sept attentats – une bagatelle – en Guadeloupe, Martinique, Guyane et Paris ! Qui ne voit le rapport évident entre ces événements et l'actuelle rage d'effacer la mémoire de la nation en faisant tomber ses statues et avec elles, le témoignage gravé dans la pierre et coulé dans le bronze de la prééminence de la France blanche… Une insupportable supériorité symbolique sur toutes les pièces rapportées et ces nouveaux ressortissants – dont beaucoup parlent à peine l'idiome national – fraîchement débarqués et habillés de rutilants costumes pailletés de droits offerts par la République bonne mère… celui entre autres d'exiger que nous mettions genou en terre devant la canaille triomphante !

Plus tard dans l'année 83, le 23 octobre, la France sera endeuillée par les attentats suicides de Beyrouth revendiqués par l'Organisation du djihad islamique. Ceux-ci firent 241 morts parmi les GI's américains et 58 dans nos propres rangs. On voit que la guerre contre l'Occident ne connaît pas de répit, qu'elle soit politique, ethnique ou religieuse et le plus souvent les trois à la fois ? Ainsi l'attaque terroriste à l'arme blanche – trois morts et trois blessés – intervenue en fin d'après-midi le 20 juin 2020 à Reading, une ville de deux cent mille habitants située à environ 60 kilomètres de Londres. Ne pas faire le lien entre les surinades de trottoir et les statues déboulonnées ou maculées par des militants *indigénistes* et/ou *racialistes* serait assurément un péché contre l'esprit.

De même que nous ne devons pas oublier que depuis toujours notre intelligentsia exalte sous couvert de lutte des classes et de son extension anticolonialiste, la guerre interraciale, interconfessionnelle, interethnique, intercommunautaire. Tout comme elle encourage indirectement par sa complaisance et sa lâcheté, la montée d'un irrépressible chaos social, en témoignent les scènes d'émeutes de Dijon il y a une semaine ou celles de Stuttgart ce premier jour d'été 2020… en protestation de l'arrestation de narcotrafiquants. Le soi-disant couple moteur, le noyau dur franco-germanique de l'Union européenne, avec la tempête économique qui s'annonce, semble être désormais bien mal en point, au bord de l'apoplexie voire pire...

Admirables penseurs *décoloniaux*

Le *décolonialisme*, très en vogue ces jours-ci, part du principe que les indépendances n'ont pas complétement affranchi les anciens colonisés... lesquels pourtant n'ont été sous la tutelle coloniale que quelques décennies si l'on en croit la monumentale « *General history of Africa* • VII • *Africa under colonial domination 1880-1935* » publiée par l'Unesco. À ce titre, des *rapports de pouvoirs* subsisteraient encore aujourd'hui entre les anciennes métropoles et les anciennes colonies... Ce qui un demi-siècle après semble assez paradoxal sauf à admettre que les gouvernements africains ne seraient pas tout à fait à la hauteur ! Ayons à ce propos une pensée émue pour Albert Memmi « *penseur de la judéité et écrivain de la déchirure* », décolonialiste avant l'heure, décédé ce 22 mai 2020 à l'âge de 99 ans et auteur de « Portrait du colonisé ». Publié en 1957 au lendemain de l'indépendance de la Tunisie – sa terre d'origine – le propos de cet *essai* était de donner un peu de grain à moudre aux forces hostiles à la France – au rang desquelles, les États-Unis – alors que la guerre d'Algérie faisait rage [lefigaro.fr 25 mai 20].

Guerre intercommunautaire dont on a bien oublié qu'elle se déroulait sous une double bannière, celle de l'Union soviétique, soutien actif de toutes les guerres dites *de libération* et celle du djihad islamiste. En réalité, le fanatisme musulman n'a jamais été – depuis mars 1919 et le lancement à Moscou de l'Internationale communiste (le Komintern que préside d'une main de fer Grigori Zinoviev alias Aronovitch Apfelbaum), puis après le Premier congrès des peuples d'Orient réuni en septembre 1920 à Bakou –

cessé d'être utilisé comme puissant levier anti-impérialiste afin de soulever les peuples (en premier lieu en Iran, en Afghanistan, dans les Indes et en Chine). Le fanatisme religieux étant devenu un formidable instrument aux mains des planificateurs et stratèges communistes, cyniques à l'absolu dans leur pragmatisme subversif et leur totale absence d'idéalisme éthique... Fait vérifié jusqu'à ce jour.

À côté du vénéneux sépharade Memmi, mentionnons Frantz Fanon, l'écorché vif, qui s'insère à n'en pas douter dans la lignée littéraire du Haïtien Jacques Roumain, auteur du « *Gouverneur de la rosée* » (1944), ou du Césaire de la « *Tragédie du roi Christophe* » (1963). Fanon publie en 1952 « *Peau noire, masques blancs* » opposant à sa *difficulté d'être* noir – son mal existentiel – un universalisme sans doute très recevable sur le papier mais ô combien abstrait et limité tant les spécificités des individus et des communautés pèsent d'un poids écrasant dans la balance des jugements et des comportements. Ceci avant de sombrer dans un soutien inconditionnel à la « résistance » algérienne justifiant en 1961 dans « Les Damnés de la terre » toutes les atrocités liées à la guerre dite de libération. C'est cet universalisme qui dans un premier temps, servira de base à la négation des races (untel est *un humain comme un autre* et tous les hommes se valent), puis au-delà, à l'actuel renversement racialiste... l'antiracisme n'étant au final que le masque tortu du racisme anti-blanc.

Au jour d'aujourd'hui c'est *Uncle Ben's* et non plus le brave tirailleur sénégalais qui se trouve dans le collimateur des correcteurs des auteurs de *crimes de haine*, les tueurs des George Floyd, escroc, pornocrate, drogué ou des Traoré, voleurs, violeurs & Cie

Fanon… « *Si le Blanc me conteste mon humanité, je lui montrerai, en faisant peser sur sa vie tout mon poids d'homme, que je ne suis pas ce* « Y a bon Banania » *qu'il persiste à imaginer. Je me découvre un jour dans le monde et je me reconnais un seul droit : celui d'exiger de l'autre un comportement humain. Un seul devoir. Celui de ne pas renier ma liberté au travers de mes choix. Ma vie ne doit pas être consacrée à faire le bilan des valeurs nègres. Il n'y a pas de monde blanc, il n'y a pas d'éthique blanche, pas davantage d'intelligence blanche. Il y a de part et d'autre du monde des hommes qui se cherchent… Dans le monde où je m'achemine, je me crée interminablement. Vais-je demander à l'homme blanc d'aujourd'hui d'être responsable des négriers du XVIIe siècle ? Vais-je essayer par tous les moyens de faire naître la Culpabilité dans toutes les âmes ? La douleur morale devant la densité du Passé ? Je suis nègre et des tonnes de chaînes, des orages de coups, des fleuves de crachats ruissellent sur les épaules. Mais je n'ai pas le droit de me laisser ancrer. Je n'ai pas le droit d'admettre la moindre parcelle d'être dans mon existence. Je n'ai pas le droit de me laisser engluer par les déterminations du passé. Je ne suis pas esclave de l'Esclavage qui déshumanisa mes pères* ».

L'esclavage fut une bénédiction qui fit de nous des hommes libres

Mais un esclavage (pourrions-nous ajouter avec l'éminent sociologue noir américain Thomas Sowell – une sorte de Jules Monnerot d'outre-Atlantique – dont les *indigénistes* ne veulent voir que la face obscure et les séquelles indélébiles, en l'occurrence ce supposé *racisme systémique* des blancs. Tare originelle qui leur collerait à la peau (une tache de naissance en quelque sorte) qui ne saurait disparaître qu'avec eux ! De ce point de vue, *il n'y a de bon fermier blanc que mort*, leitmotiv des justiciers noirs du Zimbabwe ex-Rhodésie et du Transvaal… À l'instar de ces féministes qui voient en l'homme un indécrottable *machiste* ne pouvant trouver grâce à leurs yeux qu'après complète amputation de sa virilité ! Bref, le Meilleur des mondes serait pour ces *frappadingues*, un monde transgenre, transsexuel mais a contrario monocolore où dominerait le sombre (gènes dominants contre gènes récessifs) tel que rêvé par Coudenhove-Kalergi – père de l'Europe bruxelloise requalifiée *Paneuropa* en 1923 – dans son œuvre maîtresse « Idéalisme pratique »[44] (1925).

Thomas Sowell pour sa part remerciait chaque jour Dieu d'avoir fait ses aïeux esclaves et par là, d'être devenu ce qu'il est à présent, à savoir le citoyen d'une grande nation après avoir échappé à ce qu'est demeuré une grande partie du continent noir... à savoir une sorte de zoo humain encore il y a peu dominé par la diabolique tyrannie des féticheurs, des massacres intertribaux, par la peur quotidienne d'être désigné comme jeteur de sort et par suite sacrifié aux esprits, et, pour certains peuples des forêts intertropicales, de ne plus connaître la tragédie cannibale. Pour ceux qui tiqueraient en lisant ces lignes qu'ils pensent aux vastes massacres génocidaires des Tutsis par les Hutus (1993) où les pratiques culinaires non conformistes du grand ami de Giscard d'Estaing, Jean-Bedel Bokassa (†1996).

---

[44] *Idéalisme Pratique, le plan Kalergi pour détruire les peuples européens*, Omnia Veritas Ltd, omnia-veritas.com.

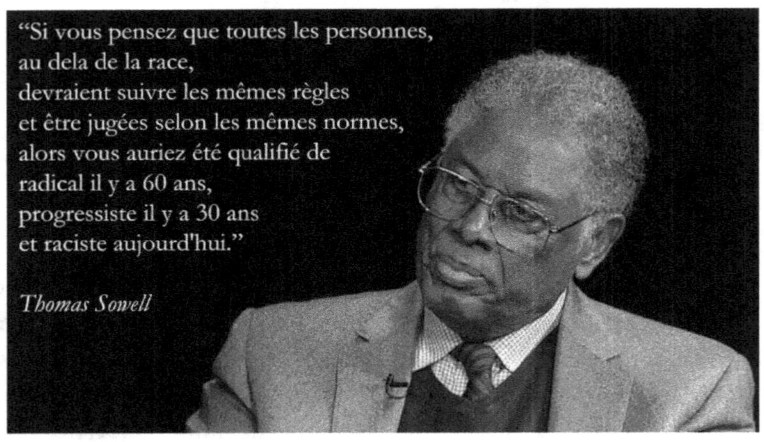

"Si vous pensez que toutes les personnes,
au dela de la race,
devraient suivre les mêmes règles
et être jugées selon les mêmes normes,
alors vous auriez été qualifié de
radical il y a 60 ans,
progressiste il y a 30 ans
et raciste aujourd'hui."
Thomas Sowell

Les modernes Tartuffe pires que les dynamiteurs

Maintenant sachons que les dynamiteurs de Vincennes du 23 juin 1983 n'ont certainement pas fait pire que "Le Républicain" Jean Rottner président de la Région du Grand Est qui le 19 juin 2020 faisait débaptiser le lycée "Colbert" de Thionville pour le renommer "Rosa-Parks" du nom de cette passagère d'autobus à Montgomery dans l'Alabama qui, le 1er décembre 1955 refusa de céder sa place à un passager blanc ! Elle se voyait illico infliger une amende de quinze dollars le 5 décembre 1955 mais faisait appel de ce jugement avec l'aide du pasteur Martin Luther King alors âgé de vingt-six ans. Icelui lance derechef une campagne de boycott contre la compagnie du bus et celle-ci dure 380 jours… Le 13 novembre 1956, la Cour suprême déclare non constitutionnelles les dispositions ségrégationnistes dans les transports en commun. Bref, Rosa-Parks est certainement une héroïne de la longue marche des noirs américains pour l'égalité des droits civils, demeure la question de savoir ce qu'elle a fait de plus que Colbert pour la construction et la grandeur de ce pays ? D'ailleurs, à entendre ceux qui vivent aux É-U depuis de longues années, les choses n'ont guère vraiment changé : les communautés se côtoient mais ne se mélangent pas. Seul Hollywood, cette officine de propagande industrielle cosmopolitiste, s'efforce de donner une image de l'Amérique où Blancs et Noirs seraient *cul et chemise.* Or cela n'existe pas plus dans une Afrique du Sud délivrée de l'apartheid, mais non point des lois intransgressibles de l'anthropologie et de la génétique.

Au reste, débaptiser par exemple les rues Pierre Mendès-France dont les aïeux ont établi leur fortune à Bordeaux dans le commerce triangulaire, pourquoi pas ? Mais cela ferait tache, n'est-ce pas ? Néanmoins on comprendra mieux l'attachement précipité du président Macron pour notre mémoire collective… en espérant cependant qu'aucun membre du Conseil représentatif des associations noires de France (CRAN) ne se souvienne inopportunément des déclarations à la tribune du radical Jules Ferry ou du président du Conseil Léon Blum relatives à « nos devoirs à l'égard des races inférieures », parce qu'alors il faudrait supprimer ces deux éminents républicains de nos livres d'histoire et de nos places publiques… Jules Ferry ministre des Affaires étrangères, discours du 28 juillet 1885 à la Chambre des députés : « *Il faut dire ouvertement que les races supérieures ont un droit vis à vis des races inférieures. Elles ont le devoir de civiliser les races inférieures* ». Ah mais !

La crise coronale a laissé nos sociétés occidentales estomaquées, affaissées, en état de choc et de vulnérabilité morale et mentale à l'égard de tous les virus agressifs, fussent-ils virtuels et non seulement biologiques. Il est des idées mortelles, surtout les fausses, quand elles investissent un terrain social, soit un organisme collectif affaibli, immunodéprimé après des mois de peur et de soumission… un fait sans précédent historique. Preuve que les tyrannies molles sont au moins aussi efficaces – si ce n'est plus – que la Kolyma et le Goulag, fondement esclavagiste de l'économie socialiste ! Il aura fallu un simple et banal fait divers aux É-U, la mort par asphyxie d'un délinquant noir sous le genou d'un policier véreux, pour que savamment exploité, l'incident soigneusement monté en épingle, se transforme en pandémie idéovirale à commencer par le monde blanc... monde où tous les policiers sont a priori violents et racistes tandis que le racisme anti-blanc n'y existe pas (voir *la gueule que tirent* les présentateurs de télé quand d'aventure un invité effleure inconsidérément le sujet), ce qui nous fait avancer sur la pente fatale d'une déconstruction accélérée de l'État, d'une fragmentation communautariste du Pays via une réécriture à rebours de l'Histoire nationale. Avec la République en Marche, c'est donc la décadence qui avance à pas redoublés.

Aux très grands hommes la Patrie reconnaissante Jean-Baptiste Colbert 1619/1683 Les rois avisés savent choisir de grands ministres *a contrario* des démo-kakocraties ou gouvernement par les pires

Notons au passage que l'on dit avec une indulgence coupable que cette *droite* qu'incarne ces Républicains - qui font si peu de cas de l'une des plus grandes figures de notre histoire - serait "*de plus en plus mollassonne et sans colonne vertébrale*". Ce qui est faux, archi faux. Cette *droite* est telle qu'en elle-même : la simple sous-marque d'un produit décliné sous différents emballages. Dans une France en pleine décomposition organique, la "droite" politique n'existe plus et ce ne sont hélas pas les Le Pen, tante et nièce, qui malgré leur récente conversion au gaullisme, la restaureront. Le croire serait prolonger l'erreur vieille de quarante ans qui nous a conduit là où nous sommes arrivés… quoique l'homme qui se noie, se raccroche même au serpent qui passe !

Il est toujours fécond le ventre de la bête immonde freudo-marxiste

Pour ceux qui en douteraient disons-le tout net, les mouvements racialistes, indigénistes, antiracistes, antifas (et autres) ne sont que des poupées gigognes s'emboîtant les unes dans les autres avec en seconde coquille, les organisations d'indifférenciation sexuelle (LGBTQ+) et au centre, les messianismes marxistes purs et durs. Maintenant n'allez pas croire que tous – à l'exception d'une foule d'idiots très utiles – que ces gens soient des idéalistes travaillant à reconstruire le paradis perdu ! Personne au monde ne peut décemment croire en ce bas monde à une égalité parfaite entre les hommes autre que de droits… Ni entre les individus, ni entre les sexes, les communautés ethniques, confessionnelles et culturelles, pas plus qu'entre les races *qui n'existent pas*.

Non, les enjeux réels sont ceux du pouvoir et de la volonté de puissance : l'homme dominant et le groupe de pouvoir auquel il est affidé (parfois composite… dans la mafia américaine les rôles se répartissaient à l'origine de la manière suivante : les chefs et parrains, siciliens ; les hommes de main, irlandais ; les comptables et juristes, judéens), sont analogues à ces gaz qui tendent à occuper autant d'espace qu'accessible. Cette soif de puissance collective (bien illustrée par le coup d'État bolchévique d'octobre 1917 conduit par un groupe restreint d'une remarquable homogénéité ethnique) va s'incarner dans un discours de *Grande promission :* les hommes seront libres et égaux, les races disparaitront et les femmes seront débarrassées des douleurs de l'enfantement et appartiendront à tous… Las, la classe ouvrière n'a pas tenu ses promesses, ce pourquoi les théoriciens de la Révolution égalitaro-communiste ont imaginé de faire appel – ce fut l'œuvre d'Herbert Marcuse, présent en France en mai 1968 le chacal ne montra jamais le bout de son museau – de faire appel à toutes les marginalités, les minorités refoulées que l'on vit successivement exaltées par l'intello-médiacratie au cours des années soixante-dix : délinquants sexuels et pédophiles, détenus des quartiers de haute-sécurité, criminels de tous poils, invertis, femmes réputées martyrisées ou colonisées par la gent masculine, immigrés et migrants, sans papiers, et cætera. Les revendications coloniales s'étant essoufflées maintenant que la Chine a largement succédé aux occidentaux, ces meneurs de la Révolution mondiale et mondialiste (et il n'y a pas convergence entre l'hyper-capital et les trotskystes reconvertis black-blocs, mais une identité sans faille, sauf que les uns commandent et financent et que l'armée des obscurs, exécute), se sont adressés au Tiers-Monde intérieur, celui-ci ayant suffisamment cru en nombre et en forces (démultipliées par les réseaux sociaux), pour déstabiliser en profondeur les États… On le voit aux États-Unis, on le voit en France et ailleurs.

L'affolant antiracisme racisé

Hardly a hidden secret, but useful with wilful idiots, BLM co-founder says she and her partner are trained organisers and Marxists.

1:03 PM · 18 juin 2020 · Twitter Web App

https://twitter.com/TankieA70/status/1273572857491030016

Patrisse Cullors, cofondatrice de *Black Lives Matter*, avoue sereinement appartenir à une organisation d'obédience marxiste… dont l'objectif sans fard est – rappelons-le – la destruction du Vieux monde et l'avènement de la démocratie réelle, entendez le socialisme de caserne… lequel se met en place chez nous avec une force tranquille : 110 km/h sur les autoroutes, le revenu universel et la semaine à 28 heures, les HLM et les *allocs* pour tous, sauf pour ceux qui triment pour payer l'impôt et par ce biais, entretenir tous les ayants droit. Avec à la clef, le goulag pour les récalcitrants au puçage et au traçage électroniques, confinés à perpétuité, interdits de déplacement s'ils mécontent Big Brother ou Bigpharma.

Mais les choses s'accélérant et la dérive s'accentuant, une part de la communauté juive prend peur face au Golem idéoviral que certains de leurs coreligionnaires ont créé et lâché dans la nature… car il serait grand temps de s'en apercevoir : qui milite depuis des décennies pour l'immigration massive, les droits des minorités sexuelles, qui désigne criminels et hors-la-loi – de Floyd à Traoré – comme étant le sel de la terre ? Qui traite de fasciste, de négationniste ceux qui se risquent à appeler un chat un chat ? Le 12 juin Europe/Israël titrait : « *Black Lives Matter*, organisation antisémite, menace pour l'Amérique et la communauté juive américaine » dénonçant « la radicalisation des progressistes blancs au cœur du chaos comme la plus grande menace à la cohésion sociale aux États-Unis ». En effet, après avoir été en principe – pendant un demi-siècle de guerre froide, c'est-à-dire en guerre ouverte contre le communisme, car la guerre froide a été souvent très chaude, au Vietnam, en Angola, en Afghanistan, etc. – les É-U sont en passe de se faire subvertir par les suiveurs du messianiste Herbert Marcuse… en un mot, les freudo-marxistes racisés LGBTQ+ ! Ayons ici une pensée émue à l'endroit du sénateur Joseph McCarthy, héros visionnaire mort en mai 1957 dans l'oubli et l'alcoolisme.

Europe-Israël s'émeut également que « *dans de courtes vidéos, nous voyons une foule de Blancs à genoux, s'inclinant devant les Noirs et demandant pardon pour leur* "privilège blanc" *et le* "racisme structurel" *des États-Unis* ». Récemment, Joe Biden, ancien vice-président et candidat Démocrate à la présidence, en se faisant photographier dans une église de Wilmington dans le Delaware, un genou au sol avec au second plan des Afro-américains debout, paraît suggérer que cette dénonciation du "privilège blanc" puisse être devenue la position officielle de son Parti.

Wilmington... Washington vaut bien un petit acte de contrition raciale

Très judicieusement Europe-Israël note que “contrairement au récit des médias, les émeutes et les pillages qui se sont multipliés à travers les États-Unis à la suite de la mort de George Floyd lors de son arrestation, ne sont pas la conséquence d’une brutalité policière accrue à l’égard des noirs américains, celle-ci ayant considérablement décru ces dernières années. Cette explosion de violence serait en réalité consécutive à la radicalisation tendancielle des progressistes blancs. Une contagion sociale et idéologique en quelque sorte ! Selon le politologue Zach Goldberg [tabletmag.com 6 juin 19] les analyses statistiques tendent à montrer que la radicalisation des *progressistes* blancs au cours des dix dernières années, en fait le seul *groupe* de l’histoire des États-Unis à accorder une nette priorité aux intérêts des minorités... sexuelles, raciales et immigrées par rapport à leurs propres préoccupations”...

Ce que l'on appelle avec justesse de l'ethnomasochisme, une forme de pathologie mentale fort commune dans un Occident travaillé par des pulsions suicidaires récurrentes...Le syndrome du lemming ! Le rédacteur remarque en outre que Barack Obama ayant accédé à la présidence en 2008, tout au long de son mandat, le métis afro-américain avait utilisé sa position pour accentuer les contrastes raciaux, les faire accéder au premier plan des questions publiques, cultivant l'idée que l'Amérique, loin d'être une société post-raciale, était demeurée affligée d'un racisme structurel implicitement quasi impossible à surmonter. Toute la logique de la guerre des races (succédané de la lutte des classes) se trouve présente dans un raisonnement destiné à s'enfoncer comme un coin dans le consensus intercommunautaire fondateur de la Nation américaine. Ceci revenait en effet à suggérer que Noirs vivent en Amérique sous la menace permanente d'un État structurellement discriminatoire [europe-israel.org 12 juin 20]... Et ce en dépit de toutes les "affirmative actions", les quotas et les *discriminations positives* qui font hurler à l'injustice les autres groupes ethniques, notamment dans les Universités, à commencer par les asiatiques.

Un dernier mot... L'étrange arrêt-maladie d'Assa Traoré

La France est tombée sous la coupe d'un gouvernement issu de la pègre intellectuelle et politique. Gouvernement de la pègre pour la pègre, agrémenté d'un immense bec verseur d'allocations en tous genres et depuis 1981, protecteur par un faux laxisme mais une vraie complicité, de l'économie noire, celle de la drogue et des trafics en tous genres que les gouvernements successifs de la Gauche ont sciemment laissés s'installer et se développer. Et l'on vient nous chanter que les événements de Dijon (communauté tchétchène contre maghrébins) ou récurrents à Perpignan

(Roms versus musulmans) étaient *imprévisibles*, surprenants, *exceptionnels*… Il y a quarante ans déjà que la France est entrée en agonie. Devenue cadavre dans les années 90, elle est à présent en phase de putréfaction… Nous parlons de la France institutionnelle mais aussi sociale ! La perte du sens de l'effort, la saturation en biens de consommation dans une société basée sur le crédit (forme moderne et édulcorée de l'usure mais tout autant asservissante), autorise toutes les impostures…

Nous apprenons à la marge que le porte-parole du comité "Vérité pour Adama", Assa Traoré était salariée de l'Œuvre de protection des enfants juifs - Baron Edmond de Rothschild jusqu'en décembre 2019 où elle continua de militer un an durant après le décès accidentel d'Adama Traoré alors qu'elle était officiellement en arrêt-maladie. Créée en 1945, l'OPEJ-Baron Edmond de Rothschild est aujourd'hui un acteur du social avec délégation de Service public et s'occupe en principe d'enfants en difficulté sans distinction de confession [urlz.fr 19 juin 20]. Au cours de ces douze mois d'arrêt maladie et de salariat supposé bénévole, Assa Traoré enchaînera les conférences, les déplacements et les entretiens. Elle reçoit Libération en septembre 2016, le 13 octobre suivant, elle répond à Jeune Afrique. Le 5 novembre, porte-voix en main, elle anime un léger cortège place de la République à Paris. Le 17 novembre, elle intervient au conseil municipal de Beaumont-sur-Oise, pour réclamer la vérité quant au décès de son demi-frère. Le 31 décembre, elle met en ligne, à l'invitation du site, ses vœux en vidéo sur Médiapart. En janvier 2017, elle tient la vedette dans l'émission "La Clique" de Mouloud Achour. En 2018, elle se confie à Bastamag et à Reporterre, multipliant les déplacements en banlieue. En janvier 2019 elle réalise un entretien croisé avec Angela Davis, publié par la revue Ballast. Elle est en

Une des Inrocks en avril 2019 et annonce qu'elle relance sa *ligne de vêtements* dans la rubrique « Où est le cool ? ». En avril 2019, elle publie un second livre chez Stock, avec l'universitaire Geoffroy de Lagasnerie. Elle termine l'année 2019 comme vedette d'une soirée de soutien réunissant l'écrivain Edouard Louis, l'économiste Thomas Porcher, l'ex-footballeur Vikash Dhorasoo, la chanteuse Camélia Jordana, la militante Rokhaya Diallo. Mlle Traoré montre une énergie auto-promotionnelle débordante et une activité trépidante… un militantisme qui sent bon la fraude à l'assurance maladie mais bénéficie selon toute apparence des largesses d'une fondation Edmond de Rothschild bien en cour à l'instar de *Black Lives Matter* financièrement soutenue par les fondations de George Soros. Chacun en déduira ce qui bon lui plaira… !

22 juin 2020

Guerre totale contre les peuples

6 juillet 2020

Jusqu'à ces derniers temps la guerre contre les peuples se déployait, sournoise, derrière un paravent. Maintenant elle ne cherche plus à se cacher et c'est à visage découvert que la subversion marxiste – Oui, marxiste, c'est-à-dire *communiste*, ce courant messianique venu du fond des âges qui veut l'arasement des conditions sociales et l'encasernement des peuples ! – revient au galop avec le jusant de l'Histoire. Aux États-Unis où l'on détruit à tout va les statues de Christophe Colomb comme à Baltimore, sur la côte Est, ce 4 juillet, jour de l'Indépendance (1776), sacrilège mémoriel venant après Boston, Miami, Richmond en Virginie ou Camden dans le New Jersey. Cela sans que les criminels imbéciles songeassent un seul instant que sans le grand découvreur – et les navigateurs Vikings qui le précédèrent – le nouveau monde serait encore un continent en friches et eux croupiraient à l'ombre de leurs arbres à palabres dans les marigots du sous-développement. Un état de misère et de barbarie dont la colonisation – avec ses ombres et ses lumières – n'est pas parvenue arracher le continent noir, lequel n'a de cesse de revenir à ses anciens démons comme *le chien à sa vomissure* [Épitre de Pierre 2 - 22] en transformant l'or du legs occidental en vil plomb… en un mot le retour à la sombre obscurité des origines.

La révolution pas moins… **Aux abords de la Maison-Blanche**

Ce 4 juillet, dans les jardins de la Maison-Blanche, dans une adresse à la Nation américaine, le président Trump (que le même jour l'ancien ambassadeur français, Gérard Araud qualifiait “*d'individu répugnant*”[45] au cours d'un débat sur la chaîne parlementaire LCP), évoquant le navigateur génois, martela : « *Nous nous battrons ensemble pour le rêve américain, et nous défendrons, protégerons, et préserverons le mode de vie américain qui a commencé en 1492 quand Christophe Colomb découvrit l'Amérique… Nous sommes en train de vaincre la gauche radicale, les marxistes, les anarchistes, les agitateurs et les pilleurs… Nous ne permettrons jamais à une foule en colère de démolir nos statues, d'effacer notre histoire et d'endoctriner nos enfants* ». Gauche radicale et mouvements racialistes instrumentés par le camp Démocrate au risque d'embrasements plus larges, voire de guerre civile, avec en arrière-plan l'État profond bien décidé – la procédure d'*impeachment* ayant échoué – à abattre le président indocile comme auparavant les frères Kennedy et Ronald Reagan qui réchappa de peu à un tir létal.

---

[45] En avril Gérard Araud, si représentatif du Quai d'Orsay au XXIe siècle, s'exprimait déjà en ces termes « *Trump ? Non seulement pôv'type mais aussi sale type* » [lepoint.fr 21 avr 20]. Ne sont-ce pas là paroles de haine auxquelles la loi Avia – si elle n'avait été amendée par le Conseil constitutionnel – eût dû s'appliquer ? En tout cas un délit punissable en l'espèce en tant qu'insulte à un chef d'État étranger… mais qui se soucie de rappeler à l'ordre les fonctionnaires au *rencart* (au rebut) puisqu'exprimant à haute voix certaines positions diplomatiques tacites ou implicites.

Trump l'homme à abattre

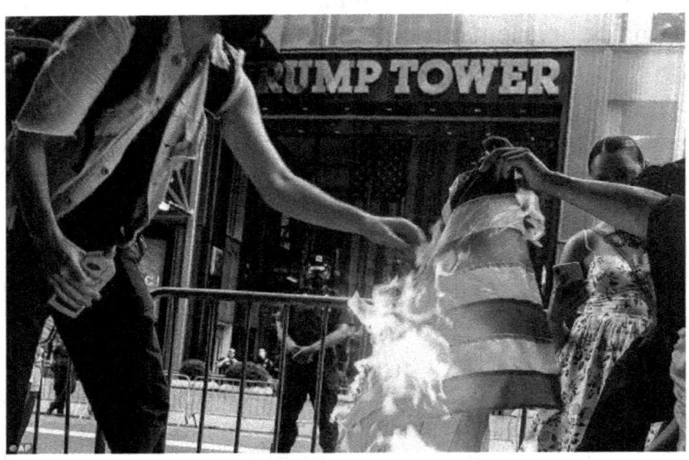

Tandis que ce même Donald Trump avait exigé la veille que la police arrêtât et poursuivît toute personne qui endommagerait un monument, on voyait les gouverneurs et les maires Démocrates encourager les saccages. Ainsi les nouveaux Lassalle[46] du parti Démocrate américain jettent bas les masques cherchant à réitérer la révolution de Février 1917 en Russie et la prise du pouvoir par le socialiste Alexandre Kerenski… Révolution qui ouvrait la voie au coup de force d'octobre et l'instauration de la Terreur rouge… Donc, nos bons Démocrates en soulevant des minorités *racisées* (le lumpenprolétariat noir identifié à son

---

[46] Dans une correspondance avec Friedrich Engels datée du 30 juillet 1862, Karl Marx qualifie le communiste Ferdinand Lassalle, l'un des pères fondateurs de la social-démocratie allemande, de « *juif nègre* ». De la même façon Marx prisait assez peu son gendre Paul Lafargue, né d'un père juif bordelais et d'une mulâtresse, et surtout – auteur impérissable du « Droit à la paresse » (1880) – précurseur visionnaire des "28 heures" hebdomadaires réclamées aujourd'hui.

fétiche, le délinquant George Floyd qui, gavé de méthamphétamine[47], trépassa sous le genou du petit blanc Derek Chauvin), espèrent sans doute reconstruire un monde *plus juste* sur les ruines fumantes de l'ancien et sur le dos des classes moyennes laborieuses sans distinction de races ou de couleurs.

**Si ce n'est pas Karl Marx au second plan,
il lui ressemble bigrement**

À telle enseigne que le 8 juin, à Seattle (état de Washington dans le nord-ouest sauvage), les militants du "Black Lives

---

[47] En fait bourré de "fentanyl", un opioïde beaucoup plus puissant que l'héroïne dont l'usage excessif peut entraîner la mort par arrêt respiratoire. Or Floyd parce résistait à l'arrestation, peut-être en proie à un épisode d'agitation violente provoqué par une surdose, ceci eut effectivement pour issue fatale un arrêt cardiopulmonaire. Cause officielle du décès après autopsie médico-légale et non pas en raison des contusions subies lors de son arrestation mouvementée.

Matter" – mouvement ouvertement d'inspiration marxiste financé par le *philanthrope* George Soros – investissaient le quartier *chicos* de Capitol Hill et prenaient possession de l'hôtel de police abandonné par ses fonctionnaires. Cependant, après trois semaines d'occupation anarcho-zadiste et mort d'homme, le maire démocrate de Seattle, Jenny Durkan – au départ très complaisant pour ne pas dire complice et qui ne se privait pas de faire des gorges chaudes du président Trump pour ses propos relatifs aux « *terroristes de l'intérieur* » – décidait finalement le 1er juillet de faire évacuer tous ces joyeux lurons prétendant réinventer le monde et faire régner l'ordre républicain à la façon des bandes hexagonales tchétchènes à Dijon…

Milices racisées… Comme une odeur de soufre et de guerre civile

Pourtant, parce que la *libre commune* libérée de l'oppression blanche était patrouillée par des groupes d'individus fortement armés, il s'ensuivit une (ou plusieurs ?) fusillade et un mort sans que la police exclue de ce cirque, ait été en mesure d'intervenir : « *Les policiers n'ont pu accéder à la scène de crime… empêchés qu'ils l'étaient par* "une foule violente" *refusant qu'ils pénètrent dans le quartier nouvellement autogéré* » [communiqué de la police locale]. Chouette autogestion ! Un quartier où "Black Lives Matter" s'affiche en lettres géantes (aux couleurs de l'arc-en-ciel ce qui souligne la connexité entre le mouvement racialiste et *lgbtiste*, continuité qui n'est évidemment pas fortuite) sur les chaussées, les façades d'immeubles et le poste de police souverainement déclaré « *propriété du peuple de Seattle* »... Village de tentes installé dans le parc voisin où les pelouses se sont muées un temps en jardin potager... bref, une zone rebelle au cœur de la ville (à la manière de la très franchouillarde et crasseuse ZAD de Notre-Dame-des-Landes), telle que conçue naguère par le prophète de l'agitation sociale, Saul Alinsky, né en 1909 à Chicago dans une famille d'immigrés russes « *juifs et pieux* » [Wiki], maître à penser de la gauche radicale américaine ("Reveille for Radicals" 1946) et inventeur de l'organisations proactive des communautés (*community organizing*). Il fut à ce titre le précurseur du renouvellement de la théorie de la lutte des classes dans et par le combat politique et subversif des minorités (se traduisant maintenant par cette inquiétante poussée de fièvre raciale), tel que théorisé par le *génial* – dans le mal – freudo-marxiste Herbert Marcuse ... Également issu d'une famille juive de la haute bourgeoisie berlinoise où il vit le jour en 1898.

Freudo-marxisme et islamo-gauchisme dans leur œuvre de mort

Son ouvrage majeur « L'Homme unidimensionnel » (1964) eut une profonde influence aux États-Unis, entre autres sur la militante racialiste Angela Davis[48] avec laquelle la passionaria de la caillera, Assa Traoré se flatte d'entretenir une relation de maître à disciple depuis leur rencontre à grand spectacle en juin 2018. La doyenne de 74 ans voit dans lutte de sa cadette (quarante ans les séparent), une « *dénonciation claire, à travers la violence policière, du* "racisme structurel" *imprégnant la société française dans sa généalogie avec le colonialisme et l'esclavagisme* [à l'instar de la situation de la minorité noire d'Amérique] » jugeant qu'il « *était temps que les femmes prennent la tête des mouvements de lutte, parce qu'elles en ont toujours été la colonne vertébrale* ». On sait que les femmes sont assurément des *opprimées systémiques*, il suffit de le croire pour le voir !

[48] Membre des Black Panthers, Angela Davis figura au début des années 70 sur la liste des dix criminels les plus recherchés par le FBI. Emprisonnée durant 22 mois, elle sera finalement relaxée et poursuivit une carrière universitaire en Californie. Deux fois été candidate à la vice-présidence des États-Unis pour le Parti communiste, formation qu'elle quitta en 1991. Elle œuvre à présent à la convergence des luttes entre « *la classe ouvrière, les mouvements antiracistes, les questions féministes et LGBTQ, les revendications contre la guerre et la justice environnementale* »... Un résumé cohérent de la subversion mondialiste !

Davis/Traoré - Deux générations, un seul et même combat

On ne peut que constater l'extraordinaire continuité internationaliste – se conjuguant à présent avec le mondialisme traversant le monde contemporain de part en part, de Berlin à Los Angeles… Mai 68 avait commencé sur les campus des universités californiennes, notamment à Berkeley et dans les spasmes subversifs se retrouvent inlassablement toujours les mêmes groupes messianiques subversifs avides de pouvoir… des minorités qui ne peuvent s'empêcher de vouloir détruire la civilisation – transcendance/travail/famille/patrie – et au-delà d'invertir l'ordre naturel (intersexualité/interracialité/cloaque interconfessionnel), menant contre l'héritage spirituel et culturel, contre l'ordre et la tradition, une guerre impitoyable. La nouvelle idolâtrie qui érige les voyous en héros sublimes, qui sanctifie Barabbas, en dit long à ce propos.

Des peuples bâillonnés avec leur consentement

Alors que les hommes, en liberté très surveillée, sont tenus en laisse courte par une administration meurtrière et abrutis par les mensonges médiatiques systémiques, quoiqu'en disent des sondages éminemment suspects, les Français sont loin d'être ravis… alors qu'ils sont conviés participer activement à leur propre mise en sujétion… en s'affublant eux-mêmes de muselières, symboles d'une soumission aveugle à un État failli sur tous les plans, avant, pendant et après la crise sanitaire !

Toutefois, en contrepartie, les masques de nos si mauvais pasteurs se mettent à tomber et les objectifs d'asservissement global de l'humanité commencent d'apparaître nettement au grand jour… À commencer par le passeport vaccinal que l'on nous prépare (éventuellement sous forme d'implants sous-cutanés de nanoparticules), préfiguration du signe de la Bête tel qu'annoncé par l'Apocalypse de St Jean… Sujétion de l'humanité sous couvert de guerres extérieures néo-impériales et messianiques en vue d'imposer les idolâtries modernes que sont le monothéisme du Marché et la démocratie universelle social-libérale ; guerres sociétales intérieures pour déstructurer, déconstruire la civilisation et ses divers visages, *atomiser* les nations (réduire les individus à des agglomérats de monades narcissiques, facebouquées mais désespérément anonymes), bref, *faire du passé table rase* ! Pour ceux qui n'auraient pas encore saisi, il n'y a pas de convergence entre le projet du communisme (le servage collectif dans un monde nivelé/égalitariste) et celui de l'anarcho-capitalisme, l'humain marchandise, jetable après usage… Non, pas de convergence parce qu'il s'agit d'un même et unique projet progressant par deux voies différentes : face nord/face sud, ubac et adret. Sur ce point particulier Herbert Marcuse n'avait effectivement pas tort !

Qui ne voit en effet l'effarante distorsion existant entre les soi-disant "valeurs" des philanthropes dont les biographies s'étalement démesurément et si complaisamment sur les pages de Wikipédia (les Soros, les Gates, les Rothschild, les Rockefeller, les Schiff... la liste est interminable), et la réalité vraie. Entre le fétichisme affiché de la vie humaine et les vingt-cinq mille sacrifiés[49] en France pendant la crise du Covid sur l'autel du scientisme et d'une médecine inféodée aux Grands laboratoires, en sus d'être bureaucratisée, technicisée et finalement déshumanisée ?

Oui, le Système est en guerre contre le genre humain. Ces dernières décennies, cette guerre se faisait encore discrète... Les guerres extérieures n'ont, elles, jamais cessé mais comme les théâtres d'opérations se situaient sous la ligne d'horizon, « on » ne s'en préoccupait guère ! Ce furent les belles années du "Club-med" et des bronzés, de la Pax Americana et de l'Union européenne. Reste que l'érosion était à l'œuvre, même si elle fut longtemps

---

[49] Chiffres du Pr. Christian Perronne qui lui valut une volée de bois vert de la part de la médiacratie et médicastres associés [TV5Monde 2 juil 20]... « *La façon dont la crise a été gérée est ahurissant. La France championne du monde en matière de létalité, le nombre de décès rapporté au nombre de cas (18,5% en France et seulement 3 aux ÉUA, au CHU de Marseille 3) à part le Yémen peut-être* »... « *Un confinement qui confine à la bêtise... On compte les morts et on attend* » [BFMTV 15 juin 20]. TV5 Monde 25 000 morts inutiles https://www.youtube.com/watch?v=D8hvDKHIxKw&feature=emb_logo

insensible ou peu visible. L'avortement des femmes blanches essentiellement saignait silencieusement le pays à hauteur de deux cent mille naissances perdues par an ; en quarante ans, huit millions pour la France, une vingtaine pour l'Europe de l'Ouest, une hécatombe d'une autre ampleur que celle de la Seconde guerre mondiale.

Vaccins à base de fœtus humain… Les méthodes molochiennes du Dr. Plotkin dont les ascendants siégeaient (hypothèse hyperbolique) à n'en pas douter, au Tribunal de Nuremberg

Qui ignore encore l'usage cosmétique des fœtus avortés et leur participation à la fabrication des vaccins[50]. Ce sont les mêmes qui accusaient le Dr. Mengele des pires horreurs, ceux qui pratiquaient hier la vivisection lorsqu'elle était encore légalement admise… Se gaussant en outre des médecins catholiques qui désapprouvaient ces pratiques immondes en leur opposant que selon la dogmatique

---

50 https://www.youtube.com/watch?v=PJjZVLsUThc&feature=share&fbclid=IwAR0BQ33d50YS3_TEJnrXocrndICQyl9v1y-Vz_H2PxCZo7eGA7ZjJ5U5hLk

chrétienne « *les animaux n'ont pas d'âme* » ! Peut-être – mais ce serait encore à voir tant la sainteté chrétienne est tout au long de l'histoire étroitement associée au monde animal… à commencer par St François – il n'en reste pas moins qu'avec ou sans âme la souffrance des bêtes torturées (plus ou moins gratuitement) par la recherche médicale et pharmaceutique, est bien réelle, qu'elle est tangible et intolérable à tout esprit non dégénéré.

À ce sujet notons que parmi les mauvais coups bas concoctés par les pouvoirs publics durant le confinement (loi Avia plus ou moins passée dans les faits même si retoquée par le Conseil constitutionnel[51], enseignement de la langue arabe dès le primaire, le 110 km/h sur autoroute ajournée pour le moment après le 80 partout ailleurs, etc.), le gouvernement vient d'autoriser en *loucedé* (en cachette) la vente par des particuliers aux laboratoires de leurs animaux de compagnie dont ils voudraient se débarrasser[52].

---

[51] Le 29 juin la chaîne aux 438 000 abonnés du "polémiste" français Dieudonné – *humoriste* requalifié pour la circonstance en *polémiste* – a été fermée par YouTube. Cette décision s'inscrit dans une vague de suppression de chaînes pour violation des nouvelles règles relatives aux discours de haine. Quelque 25 000 autres chaînes auraient ainsi été récemment supprimées. La plupart, américaines, appartenaient à des mouvements suprématistes blancs (mais certainement pas au très racialiste Blake Lives Matter), comme celui de Richard Spencer ou de David Duke.

[52] Christian Combaz 1er juil. 2020 "Campagnol tvl" : « *Le décret du 17 mars 2020 relatif à l'application d'une loi dite d'encadrement sur l'expérimentation animale permet de mieux voir ce qu'il y a réellement dans le cadre : un encouragement implicite à tous les trafics de chiens au profit des labos* » – https://www.youtube.com/watch?v=YKADlN_-ogY

D'ici à ce que le goût du lucre ne conduisent des gens au cœur putréfié ou pétrifié à razzier les chats et les chiens des voisins, le pas risque d'être vite franchi. *Enfants gardez vos blancs moutons*, la vorace crapulerie rôde aux abords de vos maisons et règne en maîtresse absolue dans la chancelante *Maison* de la Macronerie… !

6 juillet 2020

Le Grand remplacement Fin de partie !

12 juillet 2020

Il est bien connu que la « *théorie du genre* [que l'on voit à l'œuvre tous les jours que Dieu fait] *n'existe pas* », dixit le juin 2013 la *gigoince* (terme argotique) Belkacem, ci-devant ministre des *Droits des femmes* et Porte-Parole du gouvernement de Jean-Marc Ayrault[53]… elle qualifiait aussi d'*imaginaires* les revendications de la “Manif pour tous” ! Ces gens, ces élites de papier mâché,

[53] https://www.najat-vallaud-belkacem.com/2013/06/09/la-theorie-du-genre-nexiste-pas/

Jean-Marc Ayrault, actuel président de la Fondation pour la mémoire de l'esclavage, s'est fait remarquer début juin par un appel particulièrement intempestif à débaptiser les salles Colbert du Palais Bourbon. À propos des manifestations en France après la mort du toxicomane délinquant George Floyd sous le genou du policier Derek Chauvin, il déclarait : « *Il est impossible de comprendre la question du racisme et des discriminations sans explorer notre histoire coloniale, l'esclavagisme, le racisme... Tout est lié. Cette histoire a laissé de profondes traces dans notre inconscient collectif* ». En effet nous devons travailler à bannir de notre imaginaire l'odieux préjugé relatif au cannibalisme qui sévissait et sévit encore dans l'Afrique des forêts.

sont véritablement des négationnistes *systémiques* : ce qui est incongruent avec leur vision du monde (weltanschauung), ce qui ne s'insère pas et perturbe leur grille de lecture, n'existe tout simplement pas ! Dans cet ordre d'idée il est convenu ces derniers temps de qualifier – sur un ton mi apitoyé mi méprisant en tout cas terriblement condescendant – le *Grand remplacement* de mythe, de phantasme, d'illusion névrotique… quoique la chose soit démentie par des faits cruels, chaque jour, à chaque pas de l'actualité, à chaque instant qui passe.

Car ce Grand remplacement supposé chimérique (dont il est *a fortiori* sévèrement interdit de parler puisqu'il n'existe pas[54]), massivement organisé et orchestré à travers toute l'Europe par la *kakocratie* régnante (le pouvoir aux mains des nuls et des moralement corrompus), l'un des rares domaines dans lequel elle excelle, se manifeste pourtant, ici et là, par des symptômes de plus en plus mal aisés à faire passer sous le tapis… surtout lorsqu'ils se multiplient et troublent l'ordre public. Nous ne parlons pas seulement des surinades de rue : l'une des dernières en date est celle du 26 juin 2020 à Glasgow (une petite semaine après que trois hommes eurent été mortellement poignardés dans un parc de Reading à l'ouest de Londres[55]), avec six blessées et un

---

[54] L'on a vu un présentateur de l'une des chaînes d'info à grand spectacle – LCI/CNews/BFM) sursauter violemment lorsqu'un invité mentionna par accident l'éventualité d'une guerre civile à venir. La chose est impossible puisque *indicible*.

[55] Dans la même série, le 2 février trois personnes avaient été grièvement blessées dans la capitale britannique par un individu déjà condamné pour propagande islamiste et récemment sorti de prison. Le 29 novembre 2019, un djihadiste en liberté conditionnelle avait trucidé deux passants sur le "Pont de Londres" avant d'être refroidi par la

“*suspect*” – il faut évidemment faire la part belle à la présomption d’innocence – abattu. Encore une malheureuse victime des violences policières ! Non ? Les faits sont intervenus dans un hôtel situé au centre de la cité industrielle écossaise [AP/Reuters], un établissement accueillant des “*demandeurs d’asile mis à l’abri pendant le confinement imposé pour lutter contre la propagation du coronavirus*”.

Ce qui n’est pas sans rappeler cet autre demandeur d’asile afghan qui, le 15 avril 2020 dans le parc départemental de La Courneuve en Seine-Saint-Denis, armé d’un couteau avait attaqué des policiers. Ceux-ci, sans vergogne (les malotrus), l’abattirent sur place. Ou encore ce *réfugié* afghan de 33 ans connu sous plusieurs identités et « *auteur présumé* » d’une attaque mortelle au couteau le 31 août 2019 à Villeurbanne dans le Rhône. Celui-ci avait obtenu en mai 2018 la « *protection subsidiaire* » de l’Office français de protection des réfugiés et apatrides. Un jeune savoyard de 19 ans, Timothy, paya de sa vie la *générosité* pathologique (ou perverse) de l’Administration hexagonale et surtout la prévalence sur toutes autres considérations, des « *Valeurs* » fondatrices (sans lesquelles nous risquerions de sombrer dans le fascisme le plus noir !) de l’Union européenne. Crèvent nos jeunes gens pourvu que l’accueil de toute la misère et de toute l’écume du Tiers-monde soit la priorité des priorités… Soyons humains et Haut les cœurs !

---

police.

Démocratisation du meurtre pour refus d'une *clope*

Chez nous le meurtre presque *gratuit* s'est popularisé au sein de populations de plus en plus réfractaires aux lois, Républicaine ou autres. Rebelles à tout code qui ne soit pas celui d'une *bande*, d'un clan ou d'un quartier ou d'une communauté ethnique. Point n'est plus besoin d'aller chercher un quelconque alibi du côté de l'islam, une confession qui dénie toute autorité aux lois temporelles non directement déductibles de la Récitation (al Koran). Non, il suffit désormais d'être hostile, étranger à tout ordre social qui marquerait un ascendant culturel ou civilisationnel ou une antériorité de propriété territoriale (le *gaulois* primo occupant). En fait les nouveaux barbares et les prochains nouveaux maîtres – à ce sujet il faudrait consulter le Bottin administratif des départements ministériels où s'exerce l'autorité – sont déjà au cœur de la Cité... déclarée ville ouverte !

La gendarme Mélanie Lemée, 25 ans, de la brigade de proximité d'Aiguillon (47), vient d'en faire la cruelle expérience. Elle est décédée ce 4 juillet parce qu'un *demi-sel*, « Yassine El Hazizi, un "*chauffard*" âgé de 27 ans, a forcé un barrage » à Port-Sainte-Marie, dans le Lot-et-Garonne, à une vingtaine de kilomètres à l'ouest d'Agen. Il a percuté sa victime à pleine vitesse et l'a tuée ! Le tueur – désigné le vocable de "*conducteur*", tendre euphémisme qui fait d'un crime un simple fait divers – est, selon la formule rituelle aussi éculée que navrante, « *déjà connu des services de police et de gendarmerie pour des délits liés aux stupéfiants et des délits* routiers ». Le conducteur commence par refuser de s'arrêter à un premier contrôle de gendarmerie à proximité d'Agen. Ensuite, signalé aux forces de l'ordre, il effectue un « *demi-tour devant un barrage de police* ». La gendarmerie met alors en place « *un dispositif d'interception* » à Port-Sainte-Marie. Face à l'obstacle, le voyou « *refuse à nouveau de s'arrêter, tente une manœuvre pour éviter la herse, quitte la chaussée, heurte violemment la gendarme qui très grièvement blessée, meurt malgré l'intervention des secours dépêchés sur place...* ».

Le lendemain du décès de Mélanie Lemée, le dimanche 5 juillet à Narbonne, quatre "*jeunes*" un peu excités qui entendaient voyager gratis *pro deo,* forçaient le passage pour monter dans un bus sans ticket ni masque. Le chauffeur, Philippe Monguillot s'étant interposé, il est roué de coup puis, le crâne fracassé, abandonné en état de mort cérébrale. Cet homme de 59 ans, père de trois enfants, s'éteignait une semaine plus tard sans avoir repris connaissance. Le ministre délégué aux Transports, un certain Jean-Baptiste Djebbari (un autochtone de vieille souche), s'étant rendu sur les lieux, *se fendait* d'une déclaration pas *piquée des hannetons* : « *J'ai vocation à dire que les services de l'État, le préfet et évidemment les services de sécurité, sont là pour s'adapter à la nouvelle situation* ». De quelle nouvelle situation parle-t-il ce cuistre ? Cela fait des décennies que les agressions se multiplient contre les policiers, les pompiers, les agents de transports publics, les passants innocents, de quelle « adaptation » s'agit-il ? Tendre l'autre joue ? Accepter la loi du plus fort et du plus brutal ? Se soumettre sans limites ?

La « clientèle » évolue... vers l'ensauvagement

Le ci-devant sous ministre ne craint pas d'ajouter : « *On [!] nous dit que la clientèle évolue...* » ! Qui est donc ce « on » ? Or çà il faudra/ait s'adapter à un nouveau type de *clientèle*... en l'occurrence armée de casse-tête ? Bientôt ce sera le cannibalisme peut-être ? Et le béjaune de conclure « *On a eu affaire à une scène d'une violence extrême, dont on ne peut expliquer l'origine* » [FranceTVinfo]. Plus c... on meurt ! On se demande dans quel bois sont taillés ces abrutis ou bien, hypothèse plus vraisemblable, ils prennent la masse du populo pour encore plus stupide que la multitude de nos dociles *covidés masqués*, bientôt vaccinés et pucés[56]... Sachant que si les médias et les autorités sanitaires alimentent frénétiquement la psychose de la deuxième vague – « *inéluctable* » à entendre les infaillibles oracles qui dégoisent à longueur de temps dans les lucarnes – c'est bien pour nous tenir sous le boisseau et nous faire désirer et accueillir à l'arrivée la vaccination comme la seule et unique planche de salut ! Bonjour les futurs estropiés de la tyrannie sanitaire grande sœur de la dictature hygiéniste. La panique sera mauvaise conseillère et la pression administrative, irrésistible...

Maintenant "on" nous parle d'ensauvagement de la société. Mais d'où sortit-il cet ensauvagement ? Est-ce une fatalité liée au changement climatique, aux transferts de populations depuis les zones intertropicales vers les zones tempérées ou bien ce retour à la sauvagerie primitive a-t-elle des causes plus repérables, identifiables, curables... voire politiques et *in fine* idéologiques ? Et ne perdons pas de vue que le métissage puisse être une sélection naturelle à rebours, autrement dit une *involution* ! À méditer !

[56] La France (et trois autres pays), s'est engagée à acheter 400 millions de doses, pour un montant d'un milliard d'euros. Le laboratoire Astrazeneca prévoit de commencer les livraisons dès le mois d'octobre prochain. Ce vaccin destiné aux Français et aux européens, doit en outre contenir des cellules génétiquement modifiées [reuters.com 10 juin 20].

Le 8 juillet[57], Najat Belkacem – encore elle ! – se posait sur France Info cette taraudante question existentielle : « *Est-ce-que nous sommes* [en français : sommes-nous ?] *encore capables de vivre ensemble ?* ». Opportune question, mais hélas sans lien immédiat avec les deux drames sus-rapportés. Ce qui interpelle cette très petite personne réside dans la « *tragédie ignoble que vit Assa Traoré et sa famille* [polygamique vivant aux crochets des cochons de payant], *cela doit être une souffrance indicible, depuis quatre ans, que d'avoir perdu son frère* » ! Au demeurant les familles de Thomas, 23 ans, huit fois poignardé à Sarcelles dans la nuit du 10 mai par un taulard tout juste sorti, de Philippe le paisible Narbonnais, de Mélanie la gendarme, pour ne citer que les dernières victimes immolées sur l'autel sanguinolent du « *vivre-ensemble* », n'ont à l'évidence aucun intérêt aux yeux de ce dérisoire personnage. Que faudra-t-il dire ou faire pour lui enfoncer dans la caboche qu'également *White Lives Matter* – « la vie des blancs a également un prix » ! – et pas moindre que celle de toute la racaille délinquante aujourd'hui idolâtrée dans l'hémisphère Nord.

Ah j'oubliais ! Ces gens de sac et de corde, ces *cailleras* droguées et surineuses, sont ontologiquement innocentes, elles ne sont pas criminelles *sui generis*, non, elles ne sortent du droit chemin de la vertu que parce que nous les rejetons, nous les infériorisons, parce que nous sommes *discriminationnistes* dans l'âme, que nous sommes des racistes systémiques jouissant insolemment du *privilège*

---

57 https://www.facebook.com/franceinfovideo/videos/606567093302107/

blanc… Or le seul privilège visible à l'heure actuelle est bien celui des *marches blanches*… Trop blanches encore peut-être au goût de certains parce que les blancs, les *fromages*, les *babtous*, les *céfrans* à n'en pas douter devraient crever en silence et rendre l'âme en bénissant leurs bourreaux… De la race blanche faisons table rase ! D'ailleurs M. Sarkozy nous l'a bien dit, nous devons nous métisser[58], de gré ou de force… « *La diversité à la base du pays doit se* [re]*trouver à la tête du pays* ». C'est chose faite. Entre un « *sang mêlé* » place Vendôme et un *décolonisé* place Beauvau[59], le nouveau monde que M. Sarkozy appelait – en nous menaçant à mots à peine couverts – de tous ses vœux avance vraiment à grands pas…

Racaille d'en-bas et canaille d'en-haut

En vérité, nous bénéficions – pour ceux qui ne s'en douteraient pas – d'un gouvernement de la pègre. Avec pour vocation d'être le bec verseur d'*allocs* en tous genres et protecteur par son laxisme de l'économie noire que les gouvernements de gauche successifs ont complaisamment laissés s'installer, s'incruster et prospérer. Vous ne voyez

[58] https://www.youtube.com/watch?v=1XIhTG6JyW0 « *Relever le défi du métissage... lequel n'est plus une option mais une obligation* ». D'ailleurs « *la France a toujours été métissée* » ! École polytechnique de Palaiseau 17 décembre 2008. M. Sarkozy prêche l'ethnocide et l'autolyse à qui veut l'entendre…

[59] Ce 6 juillet, à peine nommé à l'Intérieur, le ministre Darmanin a cru bon de twitter : « *Grand honneur pour le petit-fils d'immigré que je suis, d'être nommé ministre de l'Intérieur de notre beau pays* ». Gérard Moussa Darmanin dit Gérald, n'est pas en réalité petit-fils d'immigré ou de harki, mais celui d'un sous-officier d'active alors que l'Algérie était encore française.

quand même pas le couple Darmanin/Moretti reprendre pied au cours des deux ans qui leur sont échus dans les territoires perdus de la République ? Il y a quarante ans la France était déjà l'agonie, devenue cadavre dans les années 90 elle est à présent entrée de phase de décomposition avancée… Nous ne parlons pas seulement de la France institutionnelle, mais aussi sociale[60] ! Une France décérébrée grâce à Mme Belkacem & Cie où l'on se félicite d'avoir accompli en 2020 le délire égalitariste de l'instituteur monté en graine jusqu'à devenir Premier ministre, Lionel Jospin, lequel visait cent pour cent de réussite à l'épreuve du baccalauréat… cette année ce sont 95,7 % des élèves de terminale après rattrapages (13,7 de plus qu'en 2019) qui l'ont trouvée dans une pochette surprise ! Un exploit dans un pays qui peut se targuer d'avoir quelque 20 % d'illettrés à l'entrée au collège. C'est fait… Tous égaux face à l'inculture généralisée. Le plus grave étant non d'ignorer, mais d'avoir perdu la curiosité, la capacité de chercher et d'apprendre par soi-même, puisque les diplômes au rabais procurent et entretiennent l'illusion du savoir.

Certes le poisson pourrit par la tête. Nous ne ferons pas un récapitulatif des turpitudes dont les dernières décades foisonnent pour ne porter notre attention que sur quelques péripéties relatives à ce Grand remplacement à la tête de

---

[60] La perte du sens de l'effort, la saturation en biens de consommation dans une société basée sur le crédit – forme moderne et anesthésique de l'usure mais tout aussi asservissante – et sur la destruction accélérée, le renouvellement permanent des objets d'usage courant. La société où se trouve dévoyé l'instinct du chasseur-cueilleur vers le super marché et l'achat en ligne.

l'État faisant mécaniquement remonter par capillarité la racaille d'en bas vers ses facilitateurs et promoteurs d'en haut… Ainsi la blonde Nadia Hai, ministre déléguée auprès du ministre de la Cohésion des territoires et des Relations avec les collectivités territoriales, chargée de la Ville, a démissionné en *loucedé* de son siège de député, le 7 juillet dans la nuit qui suivit son entrée au gouvernement, parce que… son suppléant, Moussa Ouarouss – placé sous contrôle judiciaire à Reims et qui eut dû siéger à son lieu et place – se trouve mouillé jusqu'au cou dans un trafic de drogue à grande échelle [France Inter].

Une *mise en examen* qui remonterait à août 2019 pour « *importation, transport, détention de produits stupéfiants en bande organisée et association de malfaiteurs dans le cadre d'une enquête portant sur un vaste trafic de cannabis entre la France et le Maroc* »… Qui dit mieux ? À Saint-Ouen (ville du *9-cube* où il est aisé d'acquérir une AK47 pour quelques centaines d'euros), à peine élu, un conseiller municipal se fait interpeller par la police deux fois en trois jours ! Zakaria Zigh, 19 ans – *la valeur n'attend pas le nombre des années !* – est arrêté dans la nuit du 9 au 10 juillet, circulant avec d'autres affranchis sur des scooters volés. L'exact lendemain, le même est une nouvelle fois alpagué par la maréchaussée en train de fumer un pétard avec quelques compagnons de goguette sous le pont Alexandre-III… tels sont les nouveaux édiles ! On comprend mieux que le *demi-marocain* (ministricule) Jean-Baptiste Djebbari ait souligné l'*évolution de la clientèle*, qu'elle soit électorale ou usagère des transports publics… [voir supra].

Regardons les choses en face… La fameuse "vague verte" des municipales est à ce titre surtout une vague assez fortement bistre et les Écolos ne sont en vérité que les prête-noms de leur clientèle d'importation (les destinataires de la manne céleste de l'argent public), vivier dans lequel se recrute préférentiellement (la *discrimination positive* comme ascenseur social… la discrimination étant souhaitable lorsqu'elle va dans le bon sens, n'est-ce pas ?) les équipes et leurs chefs directement issus de la façade orientale du bassin méditerranéen. Illustration : Zakaria Zigh est donc un *élu* (français) dont le patron et nouveau maire de Saint Ouen, se nomme Karim Bouamrane. Un individu que Jean-Christophe Cambadélis, trotskiste lambertiste avant de devenir en 2014 Premier secrétaire du Parti socialiste, présentait dans *Le Parisien* du 4 juillet dernier comme *« un pragmatique et un vertébré. Il a des convictions et il est aussi bienveillant ». Et même apparemment complaisant (pour ne pas dire un peu laxiste) avec* les membres de son Conseil.

Le plus gênant dans l'affaire, est que le *gamin* pris en flagrant délit n'a pas été molesté par les forces de l'ordre… pas plus que Yacine, meurtrier de Mélanie Lemée ou Mohamed, meneur des brutes qui démolirent Philippe Monguillot. Pas plus que l'on ne vit se lever dans les médias une vague d'indignation après ces meurtres sordides, pas plus que ne se sont embrasés quartiers et cités. Pourquoi ? Parce que Mélanie, Philippe et Thomas sont des morts sans importance dont la vie importe infiniment moins que celle des drogués et délinquants Traoré et Floyd ? Parce qu'ils sont blancs ?

Les zélus qui prétendent nous remplacer

Notons quand même que ces gens, les *zélus* (pas "nos") qui prétendent nous remplacer (mais surtout pas nous succéder), outre le gros de leurs troupes recrutées au sein de communautés d'importation, ne représentent qu'eux-mêmes. Ceci tant le nombre de suffrages qui se sont portés sur leur nom apparaît comme désespérément misérable, montrant à quel point la soi-disant démocratie est un théâtre d'ombres et une arnaque majeure. Avec une abstention massive, approchant les 58,6%. Un taux comparable à celui – affolant – des législatives de juin 2017 : 57,36 %... ou du référendum de septembre 2000 relatif à l'établissement du quinquennat : 69,8% d'abstentions ! La Ve République se détrame et n'était la chaleur de l'été, l'appel des plages et la peur lancinante de l'épidémie soigneusement entretenue par la propagande anxiogène que les autorités sanitaires déversent par tombereaux entiers via les antennes et les écrans tant publics que privés, nous aurions peut-être – après la mise en quarantaine forcée de la Nation – des mouvements populaires similaires par leur violence aux émeutes américaines dont l'écho assourdi est péniblement parvenu jusqu'à nous... Des débordements de colère qui pourraient ressembler aux émeutes raciales (marxistes et subversives) qui embrasent les États-Unis.

À Paris, Hidalgo, la radieuse *madone des rats*, mairesse récidiviste, gagne avec 17,5 % des inscrits (36,68 % de votants), tout comme à Nice, Christian Estrosi élu avec 15,8 % ; idem les écologistes à Lyon et à Bordeaux, 19,1 % et 17,5 % ; à Lille, Martine Aubry, 12,4 %... Des résultats qui demeurent malgré tout très au-dessus de celui – 12/13% des inscrits – que récolta le sieur Macron et lui permit de disposer d'une écrasante et accablante majorité à l'Assemblée nationale. En fait il s'agit là d'une constante depuis près de quatre décennies à savoir que le pays est dirigé (mais non gouverné) par des minorités coalisées avec d'autres minorités qui toutes, intellectuellement converties ou matériellement convaincues, font le jeu du surpuissant Parti de l'Étranger. Alias l'État profond mondialiste, oligarchique et messianique. Ces agglomérats parlementaires disparates créent ici, en Hexagonie, ce que l'on nomme sans sourires des majorités, acmé de la *démocratie représentative* renommée de nos jours en participative… en un mot comme en cent, du pur *enfumage* ! Motif pour lequel les citoyens, déçus et amers, se détournent des urnes – le vote blanc n'étant pas pris en considération – et trainent de plus en plus les pieds pour accomplir un devoir républicain sans rime ni raison. Par conséquent la voie est libre pour les nouveaux entrants qui apportent, collées à leurs semelles, les bonnes mœurs héritées d'un très long passé de despotisme oriental. Ah les beaux jours !

12 juillet 2020

Vox clamentis in deserto

19 juillet 2020

Sisyphe fut condamné à rouler toujours et encore un lourd rocher sur une pente d'où inexorablement, sempiternellement, il redégringolait. Nous autres pauvres bipèdes en ces temps de disgrâce, sommes inlassablement voués à répéter les mêmes aveuglantes vérités sans pour autant être jamais entendus… *Vox clamentis in deserto !* C'est ainsi, acceptons-le. Dans le même ordre d'idée, nos églises ont pris depuis quelques temps, la détestable habitude de partir en fumée. À Nantes pour expliquer l'incendie de la cathédrale gothique Saint-Pierre-et-Saint-Paul avec « *trois départs de feu* » – sinistre intervenant après celui de 1972 puis celui de la basilique "Saint-Donatien-et-Saint-Rogatien" en 2015 – le procureur de la République n'a pas pu (hélas pour notre *confort intellectuel !*) faire appel au divin hasard… bien que la presse nous ressasse l'écœurante antienne de la *cause accidentelle non exclue* ! Restait la « *Malveillance* » !

Ainsi donc le "crime", aujourd'hui, par un pénible (heureux ?) travestissement terminologique, s'est vu renommé *malveillance* là où d'ailleurs il eût fallu évidemment parler de *terrorisme*. Parce que de tels actes, à quelque obédience qu'appartiennent leurs auteurs, sont ceux de gens ayant déclaré la guerre à notre société. Bonaparte faisait passer les incendiaires par les armes. Judicieuse disposition (encore qu'une unique balle suffise, quitte, comme en Chine populaire, à la faire rembourser par les proches de l'exécuté), dont nous devrions nous inspirer après avoir envoyé la Macronie casser des cailloux… Βαλλ' ἐς κόρακας.

« Inconnu des services de police et bénévole du diocèse »,

Passez muscade, le joueur de bonneteau qui dirige l'orchestre symphonique de la bienpensance, s'essaie à nous blouser une fois de plus. Un migrant rouandais (rwandais en novlangue) de 39 ans, a été interpellé, un demandeur d'asile frustré de n'être pas satisfait assez vite. Salauds de Céfrans. On se demande bien pourquoi et comment un migrant africain en situation non tout à fait régulière (notons que les médias au lendemain de son interpellation se faisaient d'une immense discrétion quant à son statut et à son origine) se trouvait à conserver par devers lui les clefs de la cathédrale ? N'y a-t-il pas assez de milliers de milliers de chômeurs locaux ? Placé en garde-à-vue, il a depuis été relâché. Mais n'était-il pas un lampiste idéal (sans jeu de mot), le personnage rêvé afin de cristalliser le rejet viscéral que beaucoup ressentent à l'égard des voyous allogènes égorgeurs de trottoirs, et de cette manière, détourner l'attention des vrais coupables ? Ceux qui cherchent à travers les flammes de nos cathédrales à allumer la guerre civile et/ou veulent en finir avec le catholicisme honni, dernier obstacle à la marche triomphale de l'athéisme ? Espérons cependant que ces flammes dévoreuses de nos livres de pierres vivantes, sera la goutte qui fera déborder le vase de la colère. Mais ne rêvons pas : l'humanité muselée rase les murs des villes et devient hargneuse tant la peur d'on-ne-sait-quoi de covidesque lui serre les tripes. Désormais elle est mûre pour tout accepter. Il n'y a plus rien à dire. D'ailleurs, ce lundi 20 juillet, au bulletin d'information de la septième heure sur France Inter – grand service public – l'affaire de la cathédrale de Nantes est carrément passée à la trappe. Pas un traître mot sur l'incendie, l'enquête et ses derniers développements. Impressionnant. Rien, nada… !

Qui arrêtera le rouleau compresseur du totalitarisme rampant ?

Des manifestations salvatrices anti-confinements sauvent cependant l'honneur de certaines populations, mais pareillement, pour mieux renforcer la docilité collective, les médias n'en soufflent mot… ou à peine. Ainsi en Serbie[61] ces derniers jours… À Stuttgart, capitale du Bade-Wurtemberg et sanctuaire des usines Porsche (qui travaillèrent naguère la main dans la main avec la chancellerie du Reich), où la protestation anti-confinement avait démarré fin avril contre des mesures dénoncées (à juste titre) comme « *liberticides* » [la-croix.com 17 juin 20]. À la tête de ce mouvement Michael Ballweg (directeur d'une entreprise de logiciels) et l'« Initiative Querdenken 711 » pour la défense des droits fondamentaux vis-à-vis des mesures de quarantaine prises contre l'ensemble des citoyens… et non un confinement réservé aux seuls malades ou aux foyers épidémiques – autrement dit des lazarets – comme il eut été logiquement normal de procéder [cf.franceculture.fr 18 mai 20].

---

[61] Belgrade, le 7 juillet 2020 une manifestation intervient contre un reconfinement prévu en fin de semaine et dégénère en bataille rangée entre policiers et protestataires dont un groupe a fait irruption dans le Parlement. Colère dirigée contre le président Vucic auquel il est reproché d'avoir favorisé une deuxième vague de contagion en laissant avoir lieu les élections du 21 juin, au demeurant largement remportées par son Parti (SNS) [theworldnews.net 8 juil 20].

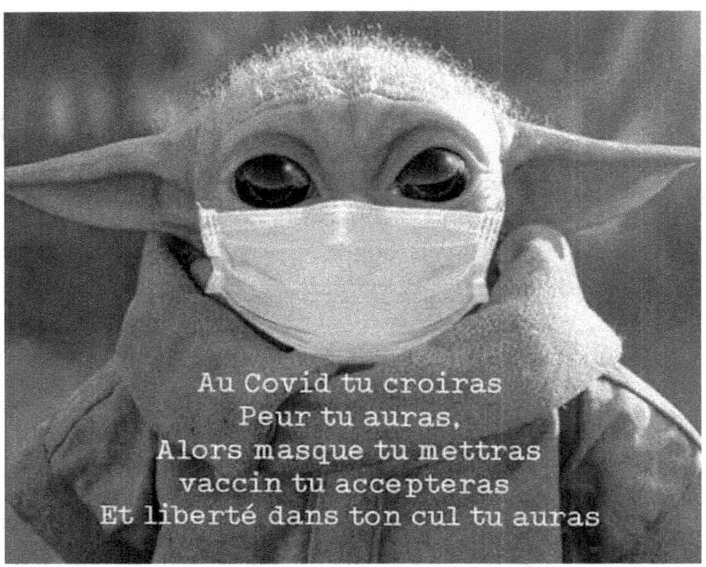

Au Covid tu croiras
Peur tu auras,
Alors masque tu mettras
vaccin tu accepteras
Et liberté dans ton cul tu auras

De la « Guerre des étoiles » à l'asservissement des âmes Sentence définitive du "Jedi" qui *en connaît un rayon* sur la question

Le 16 avril 2020, la station de désinformation nationale France-Kultur titrait « Les mouvements de contestation contre les mesures restrictives pour lutter contre le Covid-19 ne s'épuisent pas. Ces *manifestations hétéroclites, mâtinées de complotisme*… À Berlin, Stuttgart ou Munich, ils étaient des milliers ce samedi encore, comme chaque week-end depuis le début du mois, pour dénoncer les mesures prises pour limiter la diffusion du coronavirus. Des rassemblements hétéroclites de militants extrémistes, de personnes authentiquement inquiètes d'une limitation de libertés publiques, d'opposants aux vaccins, voire d'antisémites ». *Antisémites* le gros mot est lâché, celui qui clôt tout débat, met un point final à tout effort de réflexion… « Tous se rejoignent pour dénoncer le port du masque dans les magasins ou les restrictions de mouvement qui subsistent après le déconfinement, autour, souvent d'un slogan : "Wir sind das Volk" (*Nous sommes le peuple*), le cri de ralliement des Allemands de l'Est contre la dictature communiste, à l'automne 1989. Ces manifestations "*constituent un réservoir dans lequel antisémites, conspirationnistes et négationnistes peuvent se retrouver*", met en garde Felix Klein, commissaire du gouvernement pour la lutte contre l'antisémitisme, relayant l'inquiétude des autorités face à un mouvement, soutenu notamment par le parti Alternative pour l'Allemagne (AfD) ».

Des blancs armés manifestent contre le confinement devant le Capitole du Michigan - AFP 1er mai 2020

Nous en frémissons d'horreur. D'autant que ces mouvements de rébellion, par définition pilotés par l'ultra-droite comme le furent (!) les Gilets Jaunes avant leur dévoiement par les syndicats compradores (CGT/FO/CFDT), n'étaient pas les premiers : le 18 avril des milliers d'Américain défilaient dans les états du New

Hampshire[62], du Maryland, du Texas... demandant la levée des mesures restreignant la liberté de déplacement. Mais que pèsent ces *rebelles* – qui n'existent pas ou presque puisqu'il faut être haut perché au sommet du mât de vigie télématique pour en connaître l'existence et la détermination – au regard du totalitarisme rampant de la démocratie libérale et face à l'ultra puissance de feu des GAFAM ? Ou encore sous le déluge de la propagande psychotique des gouvernements fantoches mis en place par les oligarchies financières régnantes ? Rien, presque rien… Il suffirait pourtant de fermer les radios et d'éteindre les écrans, de se mettre la tête dans le sable, pour se croire à l'abri de la folie ambiante. Que nenni, les zombies qui pullulent dans les rues nous rappellent à tout instant que celui qui refuse de participer à l'Halloween Covid est un sale « *égoïste qui met en danger la vie d'autrui* » !

Le jeu délétère de BigPharma

À ce titre, et à en croire France Inter ce 19 juillet, le masque serait la seule sauvegarde existante puisqu'il n'y a « *ni vaccin ni traitement* ». Ah bon ? Le protocole Raoult n'a-t-il pas amplement fait ses preuves ? Quant au masque, une multitude de cliniciens et de praticiens qui n'ont pas accès aux plateaux des grandes messes médiatiques, en dénoncent

---

[62] Parmi les 400 manifestants qui rassemblés devant le Parlement de Concord, capitale du petit état du New Hampshire (1,3 million d'habitants) certains étaient (pacifiquement) armés de fusil d'assaut, symboles de leur détermination à faire respecter leurs droits constitutionnels. Des scènes identiques se répétèrent dans le Colorado et le Wisconsin, notamment à Lansing, capitale du Michigan où quelque 3000 personnes ont conspué les mesures de confinement prise la gouverneur Démocrate Gretchen Whitmer…

l'inefficacité voire la nocivité[63]. Les autorités sanitaires nous annoncent 500 000 tests quotidiens à la rentrée. Pourquoi faire ? Le test par les voies nasales n'est fiable qu'à soixante-dix pour cent et ne distingue pas entre virus mort et virus actif. Mais plus on trouvera de personnes ayant été exposées au SRAS-CoV2 (ou à un virus quelconque, rhume, grippe...), plus on aura d'arguments non réfutables pour relancer la psychose, terroriser les populations, leur faire arrondir le dos, baisser les épaules et filer doux... et *in fine*, les reconfiner à la demande avant que nos gentils covidés ne se jettent sur les vaccins comme sur *du pain béni* (métaphore aujourd'hui obsolète).

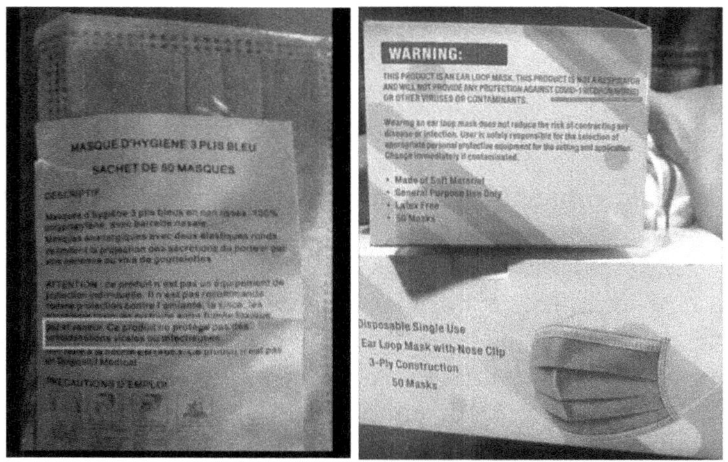

Disons que la tendance (ou la mode) est à la naturopathie, le manger sain, le vivre vert et la cure chlorophyllienne assortie d'Oméga 3. Pas aux molécules de synthèse. Or les

[63] Test relatif au niveau de CO^2 dans les masques sanitaires, d'aimables chambres à gaz ! https://youtu.be/AITEnS4miH8

grands labos dont les vues sont à long terme, savent que les peuples montrent une certaine appétence à vivre « bio », tant et si bien que leurs empires s'en trouvent d'ores et déjà menacés... Par quoi remplacer les médicaments qui coûtent un "*pognon de dingue*" [expression usitée par le président Macron] en recherche et développement et vous exposent à de pharamineux dommages et intérêts en cas de *foirade* ! Bayer-Monsanto vient d'en faire l'amère expérience avec le glyphosate – le *round-up* n'est pas à proprement parler un médicament mais Bayer est au départ d'abord un groupe pharmaceutique avant le rachat du géant de la chimie agricole Monsanto[64] – en signant le 20 juin 2020 un accord du dédommagement des victimes de ses mensonges (relatif à l'innocuité du glyphosate) d'un montant compris entre 10,1 milliards et 10,9 milliards de dollars [8,9 et 9,6 mds d'euros] « *afin de mettre fin aux litiges en cours et aux potentiels futurs contentieux* ».

Qui n'a également en tête le scandale du benfluorex, un médicament antidiabétique commercialisé de 1976 à 2009 sous le nom de *Mediator* par les laboratoires Servier et prescrit par des généralistes peu regardants en tant que coupe-faim. L'État qui a laissé en vente libre pendant trois décennies un médicament dont les effets indésirables avaient été pourtant rapidement repérés, a finalement statué le 9 novembre 2016, en l'espèce via le Conseil d'État, confirmant les conclusions de la chambre d'appel du

---

[64] En 2015 Bayer AG, (ex IG Farben), société pharmaceutique et agrochimique allemande fondée en 1863, *pesait* encore 136 milliards d'euros mais ne valait plus en avril 2019 que 52 mds ! Le 7 juin 2018, le groupe allemand avait mis sur la table 63 mds de dollars (56,4 mds d'euros) pour racheter la société Monsanto géant de la biotechnologie agricole.

Tribunal administratif de Paris, lequel avait jugé « que ce n'est qu'à partir de 1999 que l'État a commis une faute en ne prenant pas de mesures de suspension ou de retrait de l'autorisation de mise sur le marché du Mediator ». On comparera cette *affaire* avec le retrait de la vente le 23 mars dernier[65], en pleine montée en puissance de la crise sanitaire, de l'hydroxychloroquine déclarée subitement substance vénéneuse trois mois auparavant ! Notons que le futur président de la république Nicolas Sarkozy fut l'un des avocats du groupe Servier. Ce qui en dit long sur la collusion ou l'étroite connexité existant entre les puissances d'argent (en l'occurrence *BigPharma*) et le monde politique. Une semblable comparaison pourrait être établi entre l'actuel Garde des Sceaux, M. Moretti (mais il n'aura pas été le seul, M. Badinter avant lui, fut aussi l'avocat du grand banditisme) qui, en tant qu'avocat pénaliste, eut « l'*honneur* » [sic] d'assurer la défense d'Abdelkader Merah[66], frère de Mohamed, indic de basse police et tueur sacrifié pour les besoins d'une très mauvaise cause !

Ces deux exemples montrent à quel point la production de médicaments de synthèse est devenue une activité à hauts risques économiques et judiciaires. Bien plus lucratif et

[65] Décret n° 2020-314 du 25 mars 2020 complétant le décret n° 2020-293 du 23 mars 2020 prescrivant les mesures générales nécessaires pour faire face à l'épidémie de covid-19 dans le cadre de l'état d'urgence sanitaire.

[66] Le 22 avril 2020 la cour de cassation confirmait le jugement de la cour d'assises spéciale de Paris en date du 18 avril 2019, en vertu duquel Abdelkader Merah était condamné à trente ans de réclusion (dont deux tiers de sûreté) pour « complicité » des crimes de son frère, Mohamed.

juridiquement beaucoup plus sûr reste l'industrie vaccinale. En effet, quelque soient les effets délétères éventuels, le statut du vaccin n'a rien de commun avec celui d'une molécule de synthèse dont le fabriquant peut être poursuivi en justice et en demande de dommages et intérêts pour un préjudice constaté. On voit ici qu'au-delà des prodigieux bénéfices pécuniaires que représente potentiellement la mise sur le marché un vaccin *anti-Covid,* on sait déjà que la position en tête de peloton dans la course à la mise au point d'une telle substance vaccinale peut valoir d'extravagante plus-value boursière à la firme Gilead dont le cours des actions a flambé (un renchérissement de 9 à 11 milliards de dollars) après l'annonce de ses supposées avancées en matière de recherche sur le vaccin anti-coronaviral.

Le plan de "reconfinement" est prêt

Maintenant soyons assurés – à défaut d'être rassurés – le plan du prochain "reconfinement" en France est fin prêt ! Il aura a priori deux utilités : préparer les populations hexagonales à l'étape suivante, à savoir la vaccination générale et obligatoire et contenir l'agitation sociale qui immanquablement accompagnera l'effondrement (le mot est-il trop fort ?) de l'économie. En effet, dès le 8 juillet le Premier ministre annonçait sur RMC-BFMTV qu'un « *plan de reconfinement ciblé était prêt* » [va.news-republic.com 19 juil 20]. Cela en dépit du demi-démenti apporté par le *Journal du Dimanche* ce 19 juillet. À en croire nos autorités sanitaires la hausse des indicateurs épidémiques s'accentuerait tout comme en Catalogne si bien que le gouvernement envisage à nouveau de refermer la frontière espagnole… Bref, depuis le décret du 10 juillet rendant obligatoire le port du masque dans les espaces publics clos (tels les supermarchés et les boutiques), le gouvernement s'est doté de la pleine faculté, sans avoir à décréter l'état d'urgence sanitaire, de limiter les déplacements ou de fermer certains commerces. La Liberté est en Marche et nos libertés se réduisent, elles, comme peau de chagrin !

19 juillet 2020

Maelström & Léviathan

Jörmungander : République et/ou Serpent universel ?

La descente aux Enfers

Il est dans certaines zones océaniques des vagues scélérates qui retournent les navires. Il est aussi des tourbillons maléfiques dans les eaux du nord et dans les mers australes. D'où ce nom venu du vieux norois, maelströms, si utile pour désigner aujourd'hui les abîmes sans fond où nous nous trouvons irrésistiblement entraînés par les sinistres imposteurs mentalement invertis qui nous tiennent lieu d'élites. Et parce que nous sommes condamnés à inlassablement nous répéter – *mille et mille fois remettons l'ouvrage sur le métier* – disons-le encore et à nouveau : ceux qui nous dirigent vraiment (nous ne parlons pas de sous-fifres acéphaux), ceux de la classe politique et gens des médias, de la Kultur, de l'industrie du divertissement et de l'imaginaire virtuel, ne sont aucunement ni « *aveugles* », ni « inconscients », ni « *victimes de leur bons sentiments* » autrement dit victimes d'un immodéré amour de l'humanité… souvent d'ailleurs sous ses formes les plus baroques et/ou les plus repoussantes. Non ! Leur immense tolérance et leur appétence pour l'abjection et le crime, est tout à fait volontaire et parfaitement délibérée. Cessons de les exonérer de leurs responsabilités, d'atténuer leurs manquements, nous leur faisons trop de grâce et surtout nous nous faisons, nous-mêmes, les complices de leurs naufrages. Il est des domaines où l'indulgence n'a pas court, il en va de la survie de nos descendances. La chose est grave et en ce domaine l'*amateurisme*, le *beni-ouiouisme* deviennent des péchés contre l'Esprit. Il ne faudra pas nous plaindre ensuite… Parce que si les nuisibles sévissent c'est bien par la faute de tous ceux qui laissent faire, râlotent tout en adoptant une politique de confort à court terme, celle du *chien crevé au fil de l'eau…* Et vogue la galère !

La France chrétienne se consume... La faute à qui ?

La faute à qui au demeurant si la cathédrale de Nantes a flambé… une nouvelle fois après l'incendie ravageur de 1972 ? La faute à personne, au destin, à la lenteur de l'administration qui avait eu l'odieuse outrecuidance de ne pas revenir sur sa décision de ne pas renouveler le titre de séjour du « bénévole » incendiaire ? Administration qui n'avait pas non plus jugé bon de faire exécuter sa décision : ce *bénévole* âgé de 39 ans, (*bénévole*, mot magique nimbé a priori d'une aura d'innocence) hébergé dans un foyer et employé (un bien grand mot !) par le diocèse depuis cinq ans. Cet homme, d'*origine* étrangère (non ! un étranger tout court, les mots n'ont vraiment plus de sens), de nationalité *rwandaise*, "servant d'autel", catholique pratiquant (au demeurant un *drôle de paroissien*) n'avait aucune autre activité "professionnelle". De quoi donc vivait-il ? Au reste, ce migrant *capricieux* ne cachait « *visiblement pas sa colère à l'égard des services de l'État* », lesquels n'obtempéraient pas à ses desiderata à sa convenance. Il faudrait savoir pourquoi connaissant notre propension morbide à donner la communion sans confession au premier venu ! Un individu, dont une semaine après les faits et 24 h après être passé aux aveux et sa mise sous mandat de dépôt, l'on ne connaît toujours ni le nom ni le visage ! Bravo la presse ! Dans de telles conditions, les journalistes ne pourront pas se déclarer totalement surpris si au jour J, lorsque le temps sera venu du grand nettoyage du Printemps des peuples, ils font partie des premières charrettes…

Bref, le titre de séjour du susdit (arrivé sur le sol hexagonal en 2012) n'étant plus valide depuis fin 2019, il se trouvait depuis le mois de mars 2020 sous le coup d'une obligation de quitter le territoire français. Notons que le clergé de la cathédrale de Nantes aura fait preuve de beaucoup de mansuétude et plus encore de laxisme en acceptant (en s'associant à) un tel manquement à la loi. Et personne pour leur en faire l'observation… Assurément il en faux moins que cela pour se faire verbaliser en cas d'oubli de la muselière hygiénique prétendument anti-Covid.

Présumé innocent

À l'issue d'une première garde à vue de vingt et une heures – pendant lesquelles le futur prévenu fit front à ses interrogateurs sans se *déballonner :* un *présumé innocent* non démuni de ressources en somme ! – le recteur de la cathédrale, Hubert Champenois, affirmait : « *C'est quelqu'un en qui j'ai totalement confiance comme les six autres bénévoles qui sont avec nous. C'est tombé* [un "lampiste Duguignon" disions-nous !] *sur lui car c'est lui qui a fermé la cathédrale…* ». Qui se ressemble s'assemble et que l'on ne vienne pas nous parler de belle et bonne charité chrétienne. Sur ce plan, l'avocat commis d'office en *rajoute une épaisse couche*... M. Quentin Chabert – qui vient de quitter le cabinet Chotard et associés (droit pénal, droit de la famille, patrimoine et droit des *victimes*)... peut-être en raison de ce démarrage de carrière sur les chapeaux de roue – commença par déclarer avec beaucoup d'assurance qu' » *aucun élément ne rattachait directement* » son client à l'incendie de la cathédrale !

Préparant cependant habilement le terrain, il ajoutait que « *la meilleure des communautés pour pouvoir faire preuve de miséricorde vis-à-vis de ou des auteurs, c'est bien la communauté catholique* ». Pourquoi parler de *miséricorde* ? Le terme est grandiloquent, bien dans la veine de l'actuel Garde des Sceaux et de l'ex ministre de l'Intérieur, Castaner, pour lequel *l'émotion* peut (doit) primer sur la loi ! Et puisque le ministre Le Maire l'annonce derechef, tout cela n'est pas bien grave, l'État (entendez : contribuables/*cochons de payants*) prendra intégralement en charge la réhabilitation de l'édifice. Quelle est bonne mère la République ! De la même façon ce Quentin ne manque pas d'air en soulignant, lui également, qu'il fallait « *relativiser la situation* » puisqu'en dépit des atteintes « *au patrimoine matériel parti en fumée, en évitant que la politique se mêlât de l'affaire, nulle vie humaine n'avait été lésée* ». Ce pourquoi : « *Il importe de faire la part des choses !* ». Tout un programme.

Un avocat pompier chargé de but en blanc d'appeler à éteindre la procédure en *relativisant* crime (une affaire relevant *in fine* de la « miséricorde » de l'Église) car il serait terrible que des Céfrans moins abrutis que la moyenne se risquassent à établir un lien de cause à effet entre immigration sauvage et dévastation de notre patrimoine culturel et religieux. *Horresco referens !* Le procureur de la

République de Nantes, expliquera benoîtement que le « bénévole » – qui n'a toujours pas de nom – encourt pour cette « *infraction* » [non ! un crime perpétré avec préméditation] « *une peine de dix ans d'emprisonnement et 150 000 euros d'amende* ». Autant dire que c'est pour rien... Pour ce qui est de l'amende l'individu, évidemment insolvable (sauf lorsqu'il s'agit de payer des passeurs à prix d'or), ne la paiera jamais et gageons que dans dix ans il sera toujours en France, en liberté non surveillée et ce, depuis belle lurette.

Un « processus de repentance »

« Mon client est aujourd'hui rongé par le remords et dépassé par l'ampleur qu'ont pris les événements »... « *Il est apeuré* [le pauvre diable], *le temps d'apaisement est venu* [ah bon ! on passe l'éponge jusqu'à la prochaine fois ?], *il faut tenir compte de sa coopération* [après un mutisme en béton armé... après cinq ans de service à la cathédrale le misérable requiert encore l'aide d'un interprète !], *de sa sincérité* [il ne s'est mis à table qu'après avoir été confondu au terme d'une semaine d'interrogatoire et d'enquête]... *Il est dans un processus de repentance* » ! Et puis au final, ce qui clôt le débat, c'est un « *désespéré* » et rien d'autre, en aucun cas un criminel, le vilain mot ! Il est bien entendu que tous les hommes étant "égaux" (surtout égaux en dignité), que le pire criminel est *sui generis* un « humain comme un autre » ! À savoir... placés dans des circonstances identiques que ferions-nous ? Ne sommes-nous pas tous des assassins en puissance ? Cqfd !

Gageons que cet éloquent *bavard* – terme argotique désignant les avocats – ne soit promis à une brillante carrière politique. Il y a tout juste quatre ans le père Jacques Hamel, curé de la paroisse de Saint-Étienne-du-Rouvray, était égorgé devant le maître autel de son église au cours de la messe dominicale du 26 juillet. Les années se suivent et finissent par se ressembler lamentablement. Le « bénévole » lui, avait repris récemment ses « *fonctions* » [sic] après s'être longuement absenté pour « *raisons de santé* ». Ces gens – à l'instar d'Assa Traoré (sœur du violeur homosexuel de son codétenu) qui, salariée de l'*Œuvre de protection des enfants juifs-Baron Edmond de Rothschild* jusqu'en décembre 2019, avait néanmoins milité pendant une grande année tout en étant officiellement en arrêt maladie ! – connaissent sur le bout des doigts toutes les ficelles pour exploiter la vache-à-lait hexagonale et ce, jusqu'au trognon !

Parce que si nous voulons identifier et curer le mal il nous faut remonter jusqu'à sa source et désigner ceux qui le portent et le diffusent… À condition évidemment que la vérité ne soit pas travestie au sortir de son puits ou de la bouche d'ombre qui en tient lieu à présent. Qu'un chat soit appelé chat et non chien et que la presse se décide enfin – si elle veut échapper à l'accusation de racisme systémique – à publier le portrait de l'incendiaire toujours *présumé innocent* (malgré ses aveux et jusqu'à sa condamnation) de la cathédrale de Nantes.

Mais pourquoi donc appeler un chat un chat ?

Tout simplement parce qu'il existe une étroite parenté, une réelle continuité entre le crime et ceux qui laissent faire ou font semblant de le combattre. Les uns passent à l'acte et les autres les couvrent… et couvent littéralement des yeux les pires crapules. Qui n'a pas été frappé par l'auréole de martyr dont chaque déjection de l'humanité est habillée. Les Floyd, les Traoré ne sont-ils pas hissés sur le pavois et livrés à l'idolâtrie des foules ? Ne pleure-t-on pas abondamment à propos de chaque condamné séjournant dans le « couloir de la mort » presque autant que lorsque nous sommes conviés à nous apitoyer sur l'entorse de Kylian Mbappé du club Paris Saint-Germain (1,9 million d'euros mensuel)... Il ne faut pas voir dans cette perversion des valeurs le simple dévoiement d'une dogmatique messiano-marxiste qui considère la société comme pétrifiée, constituée de castes rigides génératrices d'un enfermement ontologique : né pauvre, l'on serait condamné à le rester à vie – *ad vitam æternam* – voué par naissance à l'oppression, l'exploitation, la discrimination... Et ce qui était supposée être hier la pitoyable condition ouvrière, le serait plus encore impitoyable pour les gens de couleur !

La guerre des races prenant la suite ou renouvelant la lutte des classes, laquelle s'est essoufflée avec la délocalisation en Asie (loin de nos yeux) des bas salaires et l'*esclavage* industriel (et les pollutions associées) et l'implacable témoignage quotidien des mouvements sociaux de convexion en vertu desquels le prolétaire d'hier devient le bourgeois d'aujourd'hui... et vice versa. Idéologie selon laquelle tout pauvre, tout noir serait en-soi la victime d'un inique système d'exclusion (*structurel* suivant le vocable en vogue), injustice qui justifierait et légitimerait tous les actes de révolte, toutes les *récupérations prolétariennes* (vols), voire tous les crimes destinés à rétablir l'équilibre dans un ordre cosmique vicié à la base par des nantis égoïstes, racistes, blancs, confis en privilèges. Le pire est que cette représentation du monde (une caricaturale image d'Épinal), dans son stupide schématisme persiste à imprégner les cervelles... ceci d'autant plus que l'industrie de l'opium visuel (Hollywood) et les médias la déverse en cataractes (violemment culpabilisantes) chaque seconde que Dieu fait. Le martelage est constant, et chaque goutte de venin idéologique qui suinte des écrans nous ronge jusqu'à la moelle.

Maintenant il serait faux de ne voir dans le marxisme qu'une religion sans dieu et une idéologie de combat pour l'opprimé, le persécuté pour l'éternelle victime afin de justifier tous ses brigandages (au nom de la justice… de classe inversée) et pour légitimer au profit de ses chefs l'accaparement des richesses volées et spoliées. Certes le communisme est un outil de conquête du pouvoir pour le crime organisé (de type mafieux c'est-à-dire sur une base ethnique comme l'a bien montré le coup d'État d'Octobre 1917), mais pas uniquement. Il faut voir plus loin. Dans la démarche de pénétration des esprits – dont la puissance de conviction laisse pantois – se trouve quelque chose de plus. Aussi devons-nous aller au-delà des explications premières et chercher la dimension à la fois instinctuelle et métaphysique du phénomène… Et si nous ne le comprenons pas en ses tréfonds nous serons éternellement condamnés à le subir.

De l'instinct prédateur à la mystique du Mal

Dépouiller son prochain, appeler au pillage et au massacre est certainement un instinct présent à fleur de peau chez beaucoup qui ne demande qu'à s'*actualiser* (revenir à la surface) *en situation.* La Libération suivie de l'épuration en est un exemple. Autre illustration, mais l'histoire de France en regorge, la sanglante affaire du 16 août 1870 : dans le contexte de la guerre franco-allemande, lors d'une foire à Hautefaye en Dordogne, Alain de Monéys pris pour un prussien est à ce prétexte atrocement supplicié avant d'être brûlé vif. Un épisode digne de l'Afrique des forêts ou de la lutte anti-apartheid et de la mode toujours vivace du "collier de feu" (un pneu enflammé autour du cou).

Pour nous résumer, en premier lieu, le meurtre sanctifié par la Justice (de classe), trouve un terrain propice chez tous les *hommes du ressentiment* (si je suis ce que je suis – minable – c'est la faute à autrui) et pour activer ce qui prend la forme d'une monstrueuse soif d'égalité, il suffit d'enfoncer dans le crâne de la *populace* (ne pas confondre avec le peuple) que si elle est pauvre ce n'est pas en raison de ses vices ou de ses tares (inutile d'en égrener la liste, au reste nous ne parlons pas ici de l'exploitation universelle par une bureaucratie pléthorique qui éreinte les uns et harasse les autres hormis les clientèles subventionnées… copains, coquins, migrants sel de la terre… !), mais à cause d'une spoliation générique ! Disposition et manipulation mentale qui est à rapprocher d'un procédé au final assez peu différent, celui consistant à encourager la décapitation au couteau de boucher, le viol et l'esclavage au nom de la Parole révélée. Or la connivence de nos classes dirigeantes à l'égard du crime ne relève pas de la simple bêtise ou du seul laxisme. Nous nous trouvons dans une autre dimension que celle de l'indulgence attribuable aux victimes de la société de classes…

Ce pourquoi, quand nous parlons de dimension métaphysique de la subversion de l'ordre, nous devons prendre cette assertion très au sérieux. Derrière l'appareillage, la construction intellectuelle de la lutte des classes, se trouve en effet des idées et des buts cachés, plus radicaux et plus fondamentaux tels la mystique de l'inversion *Bien/Mal*. Le souverain Bien serait en fait le Mal (pour Nietzsche et d'autres ayant mal digéré la métaphysique hindoue, la vérité se situerait *par-delà le bien et le mal,* mais il ne s'agit pas de cela)… Plus exactement la *rédemption* ne s'atteindrait que par le truchement du mal et par voie de conséquence, via la négation et l'inversion du bien. Ces gens sont par essence, ontologiquement, des négateurs de la loi et de l'ordre, infiniment plus dangereux s'il était possible que les frères ennemis socialistes et communistes. Ils sont ce qu'il convient d'appeler des *anoméens* (alpha privatif : a-thée = sans dieu – a-noméen = sans loi) ou antinomistes. C'est ce nihilisme, ce culte du néant qui est à l'œuvre et qui *possède* peu ou prou nos classes dirigeantes pratiquantes de la cabale et se vautrant dans le sexe, la drogue, le pouvoir et le fric sans toujours en savoir le sens véritable, à la façon de Monsieur Jourdain pratiquant la prose sans le savoir. On lira avec un immense profit « Le messianisme juif » (1974) de l'érudit Gershom Scholem grâce auquel le voile se déchire et qui nous fournit les clefs de décryptage quant à notre actuelle descente aux Enfers.

La défense et l'illustration du crime « *un immense honneur* »

N'est-ce pas un immense « *honneur* » que d'assurer la défense du frère d'une petite frappe protégée de l'État profond, vraisemblablement téléguidée pour donner corps à cet instrument de sidération des masses qu'est le terrorisme ? Une peur poisseuse, viscérale, pré-pandémique, qui a pour utilité de créer et d'entretenir un climat d'anxiété permanente ; de rendre perméables un peu plus les esprits à la présence, tapie dans les méandres de nos cités hors-la-loi, d'une menace latente incarnée par les loups garous du fanatisme islamique… ou à présent par le terrorisme au quotidien qu'exercent de nouveaux apaches, à Lyon, à Bordeaux, à Nice… Nous évoquions les frères Merah désormais parés dont on ne sait quelles vertus supra-républicaines, celles appartenant sans doute aux martyrs du *décolonialisme*.

Or si nous voulons comprendre et agir il faut aller toujours plus loin à la source des idées motrices et des logiques qui animent et orientent nos dirigeants autrement dit les maîtres d'œuvre du chaos rampant qui nous engloutit.

Jörmungandr, le serpent des abîmes (le Léviathan des anciens hébreux) avale littéralement le monde et nous glissons peu à peu dans le gouffre sans fond des Maelströms sans grand espoir de retour. Car si les psychopathes et transgresseurs de tous poils, notamment les déviants sexuels, trouvent grâce aux yeux de nos élites athéistes du XXIe siècle, c'est bien parce qu'ils sont ceux qui ouvrent les voies, sont les précurseurs, les avant-gardistes qui, en passant à l'acte, délibérément ou par accident, dessinent les contours de la société à venir.

Bref, le crime et la déviance sont simplement les annonceurs du monde en gestation, ils préfigurent la société de demain… celui où la jouissance solipsistique, celle dont ont rêvé des personnages comme Sade (cf. « *Français, encore un effort si vous voulez être républicains* » *in* La Philosophie dans le boudoir ou Les instituteurs immoraux 1795) et Attali (1998 *in* Dictionnaire du XXIe siècle p.118)… « *Tout humain deviendra un être sans père ni mère, sans antécédents, sans racines ni postérité, nomade absolu. Chacun aura le droit de former simultanément plusieurs couples. Polygamie et polyandrie redeviendront la règle. Il deviendra licite d'avoir, avec un "clonimage", toutes les relations sexuelles interdites à un être humain. On autorisera même aux amateurs des relations avec des clonimages de mineurs si l'on peut s'assurer que cela ne requiert ni ne suppose la participation d'aucun enfant réel* ». Le quasi programme de la loi en discussion ce 27 juillet 2020 dite de « Bioéthique » en quelque sorte ?

Prudent Attali entend déployer ses phantasmes dans le champ virtuel sachant qu'aujourd'hui subsistent encore quelques lambeaux de morale naturelle appelés à s'effacer avec le temps, l'adaptabilité de l'homme n'ayant apparemment pas de limites… Mais autant Sade fût-il placé sous les verrous (où il put laisser libre cours à sa démence), autant – marque de l'époque – un Attali est libre de diffuser ses vénéfices, ce dont il ne s'est pas privé avec les cinq derniers chefs d'État hexagonaux qu'il a sagement conseillés… On lui doit aussi, pendant toutes ces années de gloire, d'avoir assidument préconisé et plaidé pour un accroissement constant des immigrations extra-européennes. Les cathédrales qui flambent et toutes nos églises profanées lui en savent gré !

26 juillet 2020

Déjà parus

ÉDITIONS
LE RETOUR AUX SOURCES
Jean-Michel
VERNOCHET
LA DÉBÂCLE
GUERRES OLIGARCHIQUES CONTRE LES PEUPLES
Les guerres actuelles sont des conflits de normalisation destinés à fondre les peuples, les identités et les souverainetés, dans le grand chaudron du mondialisme apatride, déraciné et nomade....

Jean-Michel
VERNOCHET
ÉDITIONS
LE RETOUR AUX SOURCES
Gauche vs Droite
LA GUERRE CIVILE FROIDE
LA THÉOGONIE RÉPUBLICAINE DE ROBESPIERRE À MACRON
La guerre idéologique du XXIème siècle, après avoir opposé capitalisme et collectivisme, fait aujourd'hui se confronter le globalisme, soit la République universelle, aux Nations et aux traditions...

ÉDITIONS
LE RETOUR AUX SOURCES
COVID-19
Jean-Michel
VERNOCHET
CHRONIQUES
D'UNE PANDÉMIE
LE GOUVERNEMENT DE LA PEUR
préface d'Anne Brassié
Jean Michel Vernochet, le très informé, met en lumière tous les complots

ÉDITIONS
LE RETOUR AUX SOURCES
HISTOIRE DE L'ARMÉE FRANÇAISE
des origines à nos jours
L'armée française a souvent occupé
la première place en Occident
Certains de ses chefs militaires ont marqué le monde par leur génie tactique et stratégique

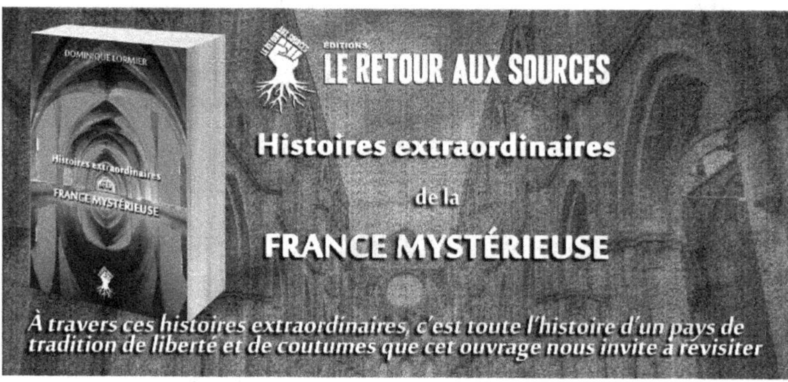
DOMINIQUE LORMIER
ÉDITIONS
LE RETOUR AUX SOURCES
Histoires extraordinaires
de la
FRANCE MYSTÉRIEUSE
À travers ces histoires extraordinaires, c'est toute l'histoire d'un pays de
tradition de liberté et de coutumes que cet ouvrage nous invite à revisiter

DOMINIQUE LORMIER
ÉDITIONS
LE RETOUR AUX SOURCES
Histoires
extraordinaires
et mystérieuses
de
L'HUMANITÉ
Ces histoires ahurissantes et fantastiques, retracent les origines des grands mythes

ÉDITIONS
LE RETOUR AUX SOURCES
LES GRANDES AFFAIRES
D'ESPIONNAGE
en
FRANCE
de 1958 à nos jours
- La fin du conflit algérien
- L'enlèvement de Ben Barka
- Jacques Foccart et l'Afrique
- Le mercenaire Bob Denard
- La bombe atomique française
- La guerre froide
- Le terroriste Carlos
- Le Liban
- Le Rainbow Warrior
- La Libye
- L'éclatement de la Yougoslavie
- Le terrorisme islamiste
- Le retour des espions russes de Poutine
De nombreuses révélations incroyables, venant de personnes de tout premier plan, sont présentées dans cette enquête très documentée

ÉDITIONS
LE RETOUR AUX SOURCES
LES GRANDES BATAILLES
de la
PREMIÈRE GUERRE MONDIALE
Une vision globale, tactique et stratégique des douze grandes batailles qui marquèrent un tournant dans l'histoire militaire

ÉDITIONS
LE RETOUR AUX SOURCES
LES GRANDES BATAILLES
DE L'HISTOIRE DE FRANCE
d'Hastings à la Libération
1066-1945
« La France fut faite à coups d'épée »
Cette citation de Charles de Gaulle dit bien ce que la France doit aux grandes batailles qu'elle a dû livrer pour construire ses frontières...

ÉDITIONS
LE RETOUR AUX SOURCES
LES VICTOIRES FRANÇAISES
de 1914 à nos jours
L'auteur démontre clairement que
l'armée française a souvent joué un rôle prépondérant

ÉDITIONS
LE RETOUR AUX SOURCES
MICHEL DRAC
PENSER LE RÉEL POUR SORTIR DU SYSTÈME
TRIANGULATION
TAPIS DE BOMBES
VOIR MACRON

ÉDITIONS
LE RETOUR AUX SOURCES
LES MÉTHODES INFAILLIBLES DE CHARLES SANNAT
INVESTIR DANS L'IMMOBILIER
Le patrimoine immobilier tient une place toute particulière dans le cœur des Français

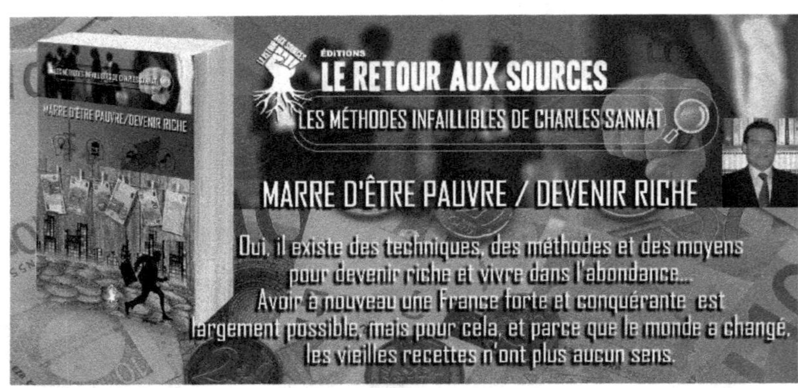
ÉDITIONS
LE RETOUR AUX SOURCES
LES MÉTHODES INFAILLIBLES DE CHARLES SANNAT
MARRE D'ÊTRE PAUVRE / DEVENIR RICHE
Oui, il existe des techniques, des méthodes et des moyens
pour devenir riche et vivre dans l'abondance...
Avoir à nouveau une France forte et conquérante est
largement possible, mais pour cela, et parce que le monde a changé,
les vieilles recettes n'ont plus aucun sens.

ÉDITIONS
LE RETOUR AUX SOURCES
LES MÉTHODES INFAILLIBLES DE CHARLES SANNAT
TROUVER UN TRAVAIL OU EN CHANGER
Imaginez qu'en tournant les pages de ce livre,
vous découvriez un monde totalement inattendu...

PAUL DAUTRANS
LA DIXIÈME PORTE
ÉDITIONS
LE RETOUR AUX SOURCES
PAUL DAUTRANS
LA DIXIÈME PORTE
SI VOUS TRAVAILLEZ EN ENTREPRISE, MÉFIEZ-VOUS DE CE LIVRE...

ÉDITIONS
LE RETOUR AUX SOURCES
MAURICE GENDRE & JEF CARNAC
LES NOUVELLES SCANDALEUSES
LE MONDE DANS LEQUEL VOUS VIVEZ N'EST PAS LE MONDE QUE VOUS PERCEVEZ...

ÉDITIONS
LE RETOUR AUX SOURCES
PAUL DAUTRANS
MANUEL DE L'HÉRÉTIQUE
UN LIVRE QUI METTRA EN COLÈRE ABSOLUMENT TOUS LES CONS

ÉDITIONS
LE RETOUR AUX SOURCES
JEF CARNAC
VENDETTA
L'ARGENT, LE POUVOIR, LA CÉLÉBRITÉ...
RIEN NE VOUS PROTÈGERA

www.leretourauxsources.com

www.ingramcontent.com/pod-product-compliance
Lightning Source LLC
Chambersburg PA
CBHW072247270326
41930CB00010B/2290

* 9 7 8 1 9 1 3 8 9 0 0 0 1 *